Coleção Bibliofilia 5

DIREÇÃO

Marisa Midori Deaecto
Plinio Martins Filho

Bibliofilia e Exílio

Editor
Plinio Martins Filho

Conselho Editorial
Beatriz Mugayar Kühl
Gustavo Piqueira
João Angelo Oliva Neto
José de Paula Ramos Jr.
Leopoldo Bernucci
Lincoln Secco
Luís Bueno
Luiz Tatit
Marcelino Freire
Marco Lucchesi
Marcus Vinicius Mazzari
Marisa Midori Deaecto
Miguel Sanches Neto
Paulo Franchetti
Solange Fiúza
Vagner Camilo
Walnice Nogueira Galvão
Wander Melo Miranda

Diretora administrativa
Vera Lucia Belluzzo Bolognani
Produção editorial
Millena Machado
Assistente editorial
Carlos Gustavo A. do Carmo
Gerente editorial
Senise Fonzi
Vendas
Luana Aquino
Logística
Alex Sandro dos Santos
Ananias de Oliveira

SERVIÇO SOCIAL DO COMÉRCIO
Administração Regional no Estado
de São Paulo

Presidente do Conselho Regional
Abram Szajman
Diretor Regional
Danilo Santos de Miranda

Conselho Editorial
Áurea Leszczynski Vieira Gonçalves
Rosana Paulo da Cunha
Marta Raquel Colabone
Jackson Andrade de Matos

Edições Sesc São Paulo
Gerente
Iã Paulo Ribeiro
Gerente Adjunto
Francis Manzoni
Coordenação Editorial
Clívia Ramiro
Cristianne Lameirinha
Jefferson Alves de Lima
Produção Editorial
Simone Oliveira
Coordenação Gráfica
Katia Verissimo
Produção Gráfica
Fabio Pinotti
Ricardo Kawazu
Coordenação de Comunicação
Bruna Zarnoviec Daniel

Bibliofilia e Exílio

Mikhail Ossorguin e o Livro Perdido

Organização, Tradução e Notas

Bruno Barretto Gomide

Copyright © 2023 Bruno Barretto Gomide
Direitos reservados e protegidos pela Lei 9.610 de 19.02.1998.
É proibida a reprodução total ou parcial sem autorização,
por escrito, das editoras.

Dados Internacionais de Catalogação na Publicação (CIP)
(Câmara Brasileira do Livro, SP, Brasil)

Ossorguin, Mikhail, 1878 –
  Bibliofilia e Exílio: Mikhail Ossorguin e o Livro Perdido / Mikhail
Ossorguin; organização, tradução e notas Bruno Barretto Gomide. –
Cotia, SP: Ateliê Editorial; São Paulo: Edições Sesc São Paulo, 2023. –
(Coleção Bibliofilia, v. 5 / direção Marisa Midori Deaecto e Plinio
Martins Filho)

  ISBN 978-65-5580-059-3 (Ateliê Editorial)
  ISBN 978-65-86111-87-3 (Edições Sesc São Paulo)

  1. Artigos jornalísticos – Coletâneas 2. Bibliofilia 3. Jornalismo
4. Literatura russa 5. Rússia – Século 20 – História I. Gomide,
Bruno Barretto. II. Título III. Série.

22-102133   CDD-080

Índices para catálogo sistemático:

1. Artigos : Coletâneas   002.09

Maria Alice Ferreira – Bibliotecária – CRB-8 / 7964

Direitos reservados à

Ateliê Editorial
Estrada da Aldeia de Carapicuíba, 897
06709-300 – Cotia – SP – Brasil
Tel.: (11) 4702-5915
www.atelie.com.br
contato@atelie.com.br
/atelieeditorial
blog.atelie.com.br

Edições Sesc São Paulo
Rua Serra da Bocaina, 570 – 11º andar
03174-000 – São Paulo – SP – Brasil
Tel.: (11) 2607-9400
edicoes@sescsp.org.br
sescsp.org.br/edicoes
/edicoessescsp

Foi feito depósito legal
Impresso no Brasil 2023

SUMÁRIO

Breve Apresentação ◆ 9
A Livraria dos Escritores ◆ 25
Nosso Modo de Fazer Negócios ◆ 59
A Propósito de Bibliomania ◆ 75
Púchkin, o Apreciador de Livros ◆ 87
A Propósito de um Grande
Amante do Livro ◆ 97
O Destino do Livro Antigo ◆ 111
O Lamento do Livro ◆ 117
Uma Sensação Bibliográfica ◆ 123

BREVE APRESENTAÇÃO

A trajetória de Mikhail Andréievitch Ossorguin (pronuncia-se "Ossorguín", um pseudônimo literário tomado de um ramo da própria família; o sobrenome verdadeiro do escritor era "Ilín") é quase uma enciclopédia da vida intelectual russa nas primeiras décadas do século XX. Ela cruza as marés políticas e culturais do czarismo tardio, as sucessivas viragens revolucionárias e as agruras da emigração. Um compêndio dos muitos dilemas pelos quais a *intelligentsia* russa passou naqueles anos em que foi forçada a se recriar e a redefinir os tradicionais atributos de empenho e seriedade que lhe haviam conferido a mística, a práxis e a mitologia especial.

Esta pequena coleção de artigos, situada na encruzilhada de revolução, exílio e bibliofilia, de literatura e jornalismo, tenta iluminar um pouco da poligrafia engajada de Ossorguin, um escritor completamente desconhecido no Brasil e pouco frequentado fora da Rússia[1].

Nascido em 1878, em Perm, nos Urais, Ossorguin era filho de uma pequena-nobreza de propensões intelectuais e atuação reformista junto ao reinado de Alexandre II. Em paralelo aos primeiros contos e artigos jornalísticos, o

1. Para a trajetória de Ossorguin, consultar: *Bibliographie des oeuvres de Michel Ossorguine*, Paris, Institut d'Études Slaves, 1973; Ulrich M. Schmidt, "Ungehobene Schätze der russischen Emigrationsliteratur", disponível em: www.nzz.ch/feuilleton/ungehobene-schaetze-der-russischen-emigrationsliteratur-ld.1326932, acesso em: 18 mar. 2018; Anastasia Becca Pasquinelli, "M. Osorgin, Giornalista russo in Italia tra Socialismo e Anarchia (1908-1916)", *Europa Orientalis*, n. 9, pp. 367-389, 1990; Anastasia Becca Pasquinelli, *La Vita e le Opinioni di M. A. Osorgin*, Florença, La Nuova Italia, 1986; *Mikhail A. Osorgin. Selected Stories, Reminiscences and Essays*, editado e traduzido por D. M. Fiene, Ann Arbor, Ardis, 1982; Liudmila Polikóvskaia, *Jizn' Mikhaíla Ossorguina: stroítelstvo sóbstvennogo khrama*, São Petersburgo, Kriga, 2014.

jovem escritor cursou a faculdade de direito da Universidade de Moscou. Seguia, assim, a profissão do pai, mas desde cedo engajara-se mais à esquerda do que o progenitor – foi afastado das atividades universitárias por um ano em razão de participação nos movimentos estudantis. Depois de labutar em repartições moscovitas, engrossou as fileiras dos Socialistas-Revolucionários, às vésperas da Revolução de 1905. A ligação com os SR se manterá para sempre, ainda que não na forma de filiação partidária, como uma adesão aos princípios práticos e morais de "contato com o povo", mesmo depois de Ossorguin ter deixado a Rússia soviética.

Pela participação nos preparativos da Revolução, redigindo textos, organizando reuniões e dando guarida a companheiros de partido, Ossorguin conheceu a primeira das detenções que amargaria na vida. Solto sob fiança, partiu para o exílio de uma década, passada principalmente na Itália, àquela altura o destino de predileção para a comunidade emigrada russa de vários carizes revolucionários. O ambiente mediterrâneo abrigou bolcheviques, srs e anarquistas. Ali eles gestaram uma mescla de marxismo e cosmismo, de espiritualismo e rebelião que fermentaria o caldo de cultura dos processos revolucionários iminentes. No exílio, sempre preocupado com questões de estética, Ossorguin publicou artigos sobre o futurismo italiano.

Nesse meio-tempo, o determinado e camaleônico escritor passou pelo judaísmo (ao qual se converteu para se casar com Rachel Grinzberg, de quem se separou anos depois, em Berlim) e pela maçonaria. Com esta última manteve laços até o fim da vida, já morando na França. A afinidade com essa forma de círculo filosófico-religioso permite ver Ossorguin como um êmulo de Pierre Bezúkhov, personagem de *Guerra e Paz*, um dos textos-matrizes das andanças e indagações da *intelligentsia*. A personalidade complexa de Ossorguin parece fornecer um texto tão sugestivo quanto a sua obra efetivamente publicada.

Ao retornar, em 1916, encontrou a Rússia novamente convulsionada pela guerra, pelos estertores do regime imperial e pelas jornadas revolucionárias de 1917. Como a maior parte da *intelligentsia*, Ossorguin encampou a Revolução de Fevereiro, mas encarou com desconfiança, senão hostilidade, os acontecimentos de Outubro, e posicionou-se contra as políticas dos bolcheviques, o que lhe valeu novas temporadas de cadeia, em 1919 e 1921. Entre um encarceramento e outro, teve uma atuação destacada à frente de associações de jornalistas, advogados e ativistas sociais, publicou volumes de ficção, traduções de autores italianos e obras baseadas em suas pesquisas documentais nos arquivos da Okhrana, a polícia secreta czarista.

O estudo da produção literária e jornalística de Ossorguin ajuda a tornar mais complexo o quadro da vida intelectual russa nos arredores de 1917. Trata-se de um material que, mesmo apenas tangenciando os movimentos de ruptura estética das duas primeiras décadas do século, tais como o simbolismo ou o futurismo, não constitui um mero retorno confortável a tradições realistas requentadas.

Deste percurso muito rico, ressalto um único aspecto, decisivo para os propósitos desta antologia.

Sem o fator da emigração, o tipo de culto ao livro feito por Ossorguin talvez não fosse possível. Em comparação com centenas de milhares de pessoas que saíram do território do antigo Império Russo depois de 1917, a partida de Ossorguin aconteceu a reboque do evento mais retumbante do exílio dos intelectuais russos. Em setembro de 1922, ele embarcou, juntamente com mais de uma centena de outros jornalistas, escritores e cientistas rumo a Hamburgo, no que ficou conhecido como "Navio dos Filósofos" (*Filossófskii parokhód*). Alguns de seus companheiros da "Livraria dos Escritores", como Nikolai Berdiáiev, estavam na mesma embarcação, preparada pelos bolcheviques, com ordem expressa de Lenin, para expulsar do país intelectuais indesejáveis. Após etapas berlinenses e italianas, Ossorguin chegou afinal a Paris, aos quarenta e cinco anos. Até a morte, em novembro de 1942, na pequena cidade de Chabris, localizada fora da zona de ocupação, para onde se mudara depois que Paris foi ocupada pelos alemães, ele sempre sonhou em voltar para a Rússia, e manteve por muito tempo o passaporte soviético, ao contrário de outros emigrados.

(Observe-se que o exílio russo não foi uma invenção soviética; havia, possivelmente, mais emigrados políticos ou econômicos russos no período pré-1917 do que no primeiro tempo soviético. Mas sem dúvida a ruptura simbólica proporcionada por Outubro e pela Guerra Civil, de repercussões magnas na política do século XX, conferiu àquele processo emigratório específico um caráter mais concentrado e dramático, com todas as tinturas trágicas que marcaram a experiência e a memorialística emigrada.)

As diversas culturas desenvolvidas pela emigração, em suas várias "ondas" e acepções (exílio, diáspora, refúgio), causaram um impacto profundo na vida cultural russa, soviética e internacional, com ramificações importantes em todas as partes do mundo. As formas de escrita, publicação e circulação internacional de textos russos a partir de então passaram necessariamente por ela – para um exemplo local, basta lembrarmos de Boris Schnaiderman, o principal mediador entre a cultura russa e a brasileira, que foi um resultado do mesmo fenômeno[2].

A emigração significou interrupção, crise e desmontagem de trajetórias, mas também gerou uma potência criativa enorme. Para muitos intelectuais ela foi uma tragédia que os condenou ao silêncio e ao desespero; para outros, ela constituiu o traço principal da formação (Nabókov é o que é apesar da emigração ou devido a ela?) ou até mesmo a própria condição de sua existência, como é o caso da chamada "geração despercebida" (*nezamiétchennoie pokolénie*) dos escritores que

2. A bibliografia sobre emigração russa é vasta. Para a França, onde Ossorguin se radicou, há um conjunto de bons trabalhos recentes: Catherine Gousseff, *L'exil Russe: La Fabrique du Réfugié Apatride*, Paris, CNRS, 2008; Leonid Livak, *How it Was Done in Paris? Russian Emigré Literature and French Modernism*, Madison, The University of Wisconsin Press, 2003; Annick Morard, *De l'Émigré au Déraciné*, Lausanne, L'Age d'Homme, 2010; Nikita Struve, *Soixante-diz ans d'Émigration Russe, 1919-1989*, Paris, Fayard, 1996.

migraram muito jovens e começaram a atividade literária já no exterior (Borís Poplávski e outros). A dimensão do fenômeno exige a construção de tipologias, ao mesmo tempo que os percursos individuais são infinitos. Os ecossistemas da emigração eram complexos, alternavam situações de isolamento agudo com os meios artísticos locais e mesmo com o universo literário soviético. Os perfis dos indivíduos e grupos que os compunham nem de longe se resumiam ao do "russo branco" (mesmo entre estes, aliás, havia clivagens profundas), com o qual a emigração russa era associada.

Com Borís Záitsev, Vladislav Khodassiévicth, Gueórgui Adamóvitch e outros expoentes da emigração russa em Paris, Ossorguin manteve relações que foram, quase todas, se esfumaçando com o tempo[3]. A posição de Ossorguin sempre

3. Para um exemplo de como eram as relações entre Ossorguin e outros representantes da emigração (em especial Khodassiévitch, seu ex-colega da "Livraria dos Escritores", e Nina Berbérova), ver o artigo escrito por Tatiana Ossorguina, filha do escritor: "Kak eto býlo: po póvodu

foi crítica aos bolcheviques, mas ele persistiu nas suas convicções revolucionárias e procurou cultivar alguns vínculos com a União Soviética, o que o colocou sob suspeita de outros setores da emigração.

Em meio às conflituosas identidades e relacionamentos da comunidade emigrada, Ossorguin conseguiu criar um nicho que lhe valeu alguma reputação de ficcionista e memorialista. O seu maior sucesso, uma narrativa das desventuras de uma família da *intelligentsia* durante a Revolução e a Guerra Civil, foi o romance *Sívtsev Vrájek* (nome de um endereço moscovita na região da Arbat, tradicionalmente habitada por intelectuais e artistas), de 1928[4].

---

dvukh knig Niny Berbérovoi, "Kursiv moi i Liúdi i loji: rússkie massóny xx-go vieka", *Cahiers du Monde Russe et Soviétique*, XXXI (1), janvier-mars 1990, pp. 95-102.

4. Geralmente traduzido como *Uma Rua de Moscou* ou similar: Mikhail Osorguine, *Une Rue à Moscou*, Lausanne, L'Age d'Homme, 2001; Michail Ossorguin, *Eine Straße in Moskau*, Berlin, Die andere Bibliothek, 2015.

O perfil bifronte de intelectual de esquerda e de emigrado político de Ossorguin atraía tanto os leitores que buscavam elementos "contra" 1917 como os que não nutriam simpatias pela visão de mundo "branca". É um daqueles casos da literatura russa das décadas de 1920 e 1930 que eram presença razoavelmente constante nos catálogos de livrarias e nas resenhas de jornal, chegando às raias do sucesso de público, mas que acabaram por sumir do mapa e transformaram-se em itens de especialista. Contudo, vem crescendo a sensação de que a obra de Ossorguin pode e deve ser mais frequentada pelos apreciadores da literatura russa, sobretudo as suas memórias (*Vremená* [*Os Tempos*]), muito interessantes.

A veneração ao livro, nos termos expressos por Ossorguin, não existiria sem os deslocamentos físicos e simbólicos, os emaranhados de nostalgia e de constrangimentos práticos e linguísticos impostos aos intelectuais emigrados. Os artigos aqui reunidos foram publicados em importantes periódicos da emigração. O primeiro e mais conhecido artigo, relativo à "Livraria dos Escritores", saiu em um periódico de Berlim pouco depois, sintomaticamente, da expulsão de Ossorguin. Com exceção deste e de um dos artigos sobre Púchkin, publicado em uma homenagem ao centenário de morte do poeta, que era o ponto de referência para a emigração, todos vieram à luz no jornal parisiense *Posliédnie nóvosti* [*As Últimas Notícias*], o veículo de imprensa mais longevo (publicado de 1920 a 1940) e popular (com uma tiragem de mais de trinta mil exemplares) da comunidade emigrada, inclinado à esquerda, muito embora comportasse uma distribuição ecumênica de orientações políticas.

Os emigrados travavam uma batalha simbólica feroz com o poder soviético em torno do legado e da continuidade da cultura russa. A escrita criativa e o ensaísmo militante procuravam recuperar nomes e tendências que, na acepção *emigrée*, estavam sendo suprimidos pela ação dos bolcheviques. Montavam-se estratégias de identificação com os "genuínos" nomes da cultura russa, de que os intelectuais exilados seriam os verdadeiros representantes.

Muito se falava, naqueles meios, dos valores da cultura, da civilização, da leitura e da tradição, assim como reafirmava-se a autoimagem heroica da *intelligentsia* russa. Esta é representada por Ossorguin na sua acepção clássica, como um círculo de indivíduos cultos remando contra a corrente e lutando pela preservação da literatura. Os ambientes mal-ajambrados e sem calefação descritos por Ossorguin ajudam na composição da imagem. A despeito das diferenças de temperamento e de especialidades de cada um dos integrantes da "Livraria dos Escritores", estariam todos, naquele momento ingrato, coesos em torno do projeto em comum. Diga-se que a imagem homogênea apresentada por Ossorguin não escapa de um viés de gênero, já que todos os abnegados intelectuais são homens (a única mulher presente naquela confraria masculina é a caixa da livraria).

O que distingue estes artigos bibliófilos de Ossorguin, ele mesmo um colecionador de edições russas na emigração, é o fato de que os seus louvores literários estão direcionados à materialidade da palavra impressa, aos aspectos profissionais da edição, à concretude do objeto "livro". As abordagens da literatura russa costumam privilegiar as figuras dos escritores, os textos "descarnados" ou o entrechoque de ideias. Quando um suporte de textos vem à baila como meio impresso privilegiado, a preferência normalmente cabe aos periódicos, as "revistas grossas" de tão larga fortuna na cultura russa. Perde-se de vista, assim, o livro em si e as práticas de leitura efetivas. É este deslocamento para o universo de leitores e livros, em um percurso que passa por tipografias, balcões, prateleiras, preços, tomos, grafismos e bibliotecas, que os textos apetitosos e doloridos de Ossorguin propõem[5].

5. Os textos dessa antologia foram traduzidos de: *Mikhail Ossorguin: zamiétiki stárogo knigoieda; vospominániia*, Moscou, Intelvak, 2007, com a exceção do artigo "Sobre a Bibliomania", traduzido a partir de uma cópia do jornal original. A extensa produção jornalística de Ossorguin tem outros textos consagrados ao livro e aos leitores.

Bibliofilia e Exílio

O organizador agradece ao editor Plinio Martins Filho pela oportunidade de preparar esta edição, a Lucas Simone e às professoras Ekaterina Volkova, Maria Nadiarnykh e Olga Svetlakova pelos comentários.

A LIVRARIA DOS ESCRITORES[1]

Em 1917, quando livros e jornais começaram a sair sem passar por nenhum tipo de censura, nós, escritores, ficamos desconcertados. Havia o costume de escrever com linguagem esópica[2] e de manter um dicionário de expressões

---

1. "Knijnaia lávka pissátelei", publicado em *Nóvaia rússkaia kniga*, n. 3-4, pp. 38-40, mar.-abr. 1923; e depois em *Vremennik óbschestva druziei rússkoi knigui*, n. 2, pp. 19-32, 1928. Este artigo de Ossorguin dedicado à "Livraria dos Escritores" costuma ser o objeto de predileção dos tradutores: Mijaíl Osorguín, *La Librería de los Escritores*, Barcelona, Edicions de la Central, 2007, tradução de Selma Ancira; Mikhail Ossorguine, *Les Gardiens des Livres*, Paris, Interférences, 1994, tradução de Sophie Benech.

2. Nome dado pelos escritores russos aos recursos e técnicas utilizados em seus textos para contornar a censura.

cabíveis, mas, de repente, foi necessário reaprender tudo. Só que a liberdade foi breve e tênue. A revolução mudou de curso. Certo dia, ao chegar à redação do *Vlast naroda* [*O Poder do Povo*], que já fora duas vezes fechado e depois rebatizado de *Nacha ródina* [*Nossa Pátria*], vi dois soldados do Exército Vermelho e uma folha na parede escrita por eles: "Não si concedeu autorizassão ao jornal Noça Pátria".

A rendição não foi imediata, decerto. Escrevíamos, compúnhamos e montávamos matrizes, imprimíamos às escondidas em tipografias variadas... Ao fim e ao cabo, fecharam todo mundo em definitivo. Então, desempregados, cada um começou a urdir uma ocupação apropriada. Um grupo de pessoas de vocação literária e chegado aos livros se formou com a intenção de cuidar do negócio livreiro. Naquele tempo o comércio ainda era livre e existiam livrarias, com a única diferença de que elas vendiam livros acima do valor nominal. Nós, contudo, queríamos vender pelo preço nominal e fugir da concorrência. E assim foi por um breve período. Mas logo o rublo despencou de tal modo que mal se conseguia acompanhá-lo e passamos a anotar a lápis os novos preços.

A ideia partiu de Pável Pávlovitch Murátov. Foi ele também quem nos reuniu. Havia no nosso grupo um excelente conhecedor de livros, Mikhail Vassílievitch Lind, tradutor e literato, um cavalheiro, indivíduo sensato e ótimo trabalhador. Ele conhecia bem os livreiros, desde Chibánov até o mais miúdo dos varejistas, tinha um sólido círculo de conhecidos, um faro excelente e levava as coisas a sério. Mikhail Lind assentou as primeiras pedras da livraria e nos ensinou muito. Foi ele quem compilou, livro por livro, uma boa seção bibliográfica (intocável e indisponível para venda) que infelizmente depois foi preciso vender para pagar impostos, e cujas sobras, bem consideráveis, foram doadas para a União de Escritores de Toda a Rússia, acompanhadas de belas estantes de livros adquiridas do bibliófilo von Meck.

Quem trabalhou inicialmente no gerenciamento – os equipamentos da loja, o relacionamento com os editores – foi Nikolai Ivánovitch Mináiev, um indivíduo excepcional, mais parecido com um pequeno editor do que propriamente com um escritor (ele escrevia apenas em jornais).

Além de P. P. Murátov, que não trabalhava efetivamente, os outros associados que formavam o "recrutamento inicial" eram Vladislav Felitziánovitch Khodassiévitch[3], que não esteve conosco por muito tempo; Borís Aleksándrovitch Griftzov, professor, historiador da arte e da literatura ocidental, autor do romance *Memórias Inúteis*, publicado em Moscou, um participante assíduo do nosso negócio desde o primeiro até o último dia; Aleksandr Stepánovitch Iákovlev, naquele tempo um jornalista iniciante e atualmente um dos literatos russos em voga; por fim, eu mesmo. Acabei sendo um sujeito útil na administração, pois sei tanto bater um prego quanto emendar com cordões sem danificar a encadernação ou, ainda, prosear afavelmente com os compradores.

---

3. Khodassiévitch (1886-1939), poeta e memorialista da "Era de Prata" da cultura russa, emigrado a partir de 1922.

Esta foi a primeira "convocação" de associados. Depois, com a saída de Lind, Khodassiévitch e Mináiev, acolhemos Borís Konstantínovitch Záitzev, Nikolai Aleksándrovitch Berdiáiev[4] e Aleksei Kárpovitch Djivelegov como associados. O último incluído naquela leva foi E. Dilevskaia, a nossa caixa querida e irremovível, uma trabalhadora insubstituível. Desse modo, quedaram no balcão da loja representantes das belas-letras, da filosofia, da história, da história literária, das artes, do jornalismo e, sobretudo, da bibliofilia e do estudo dos livros. As tarefas foram distribuídas de modo apropriado a cada um, embora sem muito rigor. B. Záitzev dedicava-se à literatura russa, coordenada, especialmente no setor de clássicos, por A. Iákovlev. N. Berdiáiev se postava nas estantes de filosofia. B. Griftzov arrumava cuidadosamente os volumes na seção estrangeira, que era ótima e variegada. Djivelegov, homem de memória espantosa, esclarecia os compradores na

---

4. Berdiáiev (1874-1948), filósofo, também personagem importante da emigração russa em Paris.

área de história. Enquanto lá esteve, Lind conduziu de modo excepcional as compras mais substanciais e os livros antigos. Eu ficava a cargo do setor jurídico, da organização prática e um pouco dos livros antigos. Porém, bem entendido, não havia uma divisão rígida do trabalho. Todos tinham que varrer o chão, atender no caixa, montar as vitrines, comprar, vender, avaliar, empurrar caixotes, espanar o pó, limpar vidraças e confabular com os compradores sobre os méritos dos autores e das editoras.

Tal era a composição dos proprietários-gerentes da nossa cooperativa, que tinha o nome, popular em Moscou, de Livraria dos Escritores.

De pleno direito é que escrevo esse nome com letras maiúsculas. A Livraria dos Escritores foi talvez a única instituição cultural e comercial na Rússia que manteve a independência interna e externa durante aqueles anos terríveis de ruína, terror e destruição espiritual. Fundada em setembro de 1918, a livraria subsistiu até 1922, quando o sentido de sua existência contínua se exauriu significativamente e o peso dos impostos advindos do florescimento da NEP [Nova Política Econômica][5] a tornou insustentável. Nos anos mais árduos, ela foi uma âncora de salvação pessoal e um pequeno centro cultural de Moscou, o porto seguro e o refúgio de escritores, professores, apreciadores de livros, artistas e estudantes, de todos os que não queriam, mesmo naqueles anos desafortunados, abrir mão da cultura e reprimir os seus últimos anseios espirituais. Muitas outras surgiram seguindo o exemplo de nossa livraria (as livrarias dos poetas, dos artistas da palavra, dos representantes do mundo da arte; a última a surgir foi a livraria da editora Zádruga, semelhante à nossa pela missão cultural e pelo perfil literário e científico dos diretores). Ainda mais tarde, já no começo da NEP, houve tentativas de organização de iniciativas similares na província[6].

5. Nova Política Econômica, com concessões à iniciativa privada, para estimular a economia soviética depois da Guerra Civil. Adotada a partir de 1921, até o Primeiro Plano Quinquenal, no final da década.

6. Uma das mais precoces foi a Livraria dos Escritores em Petersburgo, muito expressiva. A última, pelo que me lembro, foi organizada na União Cooperativa de Kazan, uma

Na própria Moscou daqueles idos virou costume encontrar escritores desempregados atrás dos balcões das livrarias, às vezes, portadores de nomes importantes – dos sólidos A. Kizevetter, N. Berdiáiev, Iúri Vipper aos frívolos poetas Iessiénin, Cherchenévitch, Kússikov e Marienhof.

Investidos duzentos rublos no negócio, e com esse capital insignificante vertido para a montagem de estantes e a compra de um pequeno aquecedor, pusemos mão à obra. O acervo literário consistia de livros em consignação fornecidos por editoras particulares, com as quais cada um de nós tinha relações pessoais, e de livros usados, já bastante puídos, oriundos da Biblioteca da Juventude, cujas instalações na travessa Leóntiev a livraria adquiriu.

Com base em nossos projetos, um carpinteiro montou prateleiras usando tábuas obtidas em uma cooperativa. Os livros foram posicionados nas estantes depois de trazidos nas costas.

---

livraria privada. Elas também contavam com escritores jovens no balcão de vendas (nota de Mikhail Ossorguin).

Provinham, em parte, das editoras que ainda existiam, e, em parte, das reservas domésticas de que fôramos obrigados a nos desfazer, ou ainda de conhecidos. No lugar de uma caixa para pagamentos, um caixote de papelão; ao invés de vitrine, uma tábua apoiada na janela, que congelava de noite e mal degelava de dia. Por sorte haviam deixado um balcão nas instalações da biblioteca e uma boa mesa no meio da lojinha. Aquecimento não havia. No inverno se trabalhava de casaca e botas de feltro permanentemente ensopadas. Acontecia de o encanamento se romper no andar de cima e os livros ficarem encharcados. Uma fechadura só se achava com um esforço tremendo, até mesmo os cordões para amarrar os livros tinham que ser buscados a muito custo no mercado negro, e somente por acaso arranjamos uns livros de registro bastante primitivos para o caixa e a contabilidade. Um entalhador amigo fez o carimbo. Não fosse assim, teria sido necessário entrar na fila por uma autorização especial do Soviete de Deputados. É bem verdade que alguma coisa conseguimos fazer antes que os decretos draconianos sobre a municipalização e a nacionalização destruíssem completamente os negócios privados. Amealhando forças e meios financeiros, pudemos até instalar um forninho econômico para o qual obtínhamos lenha por métodos legais e ilegais de modo a não nos enregelarmos nas seis ou sete horas de labuta diária na loja.

O fundamental era aprender a negociar, mesmo em meio à queda catastrófica do rublo. A loja conseguiu ser aberta sem autorização, e a municipalização – por simples descuido – não a atingiu. Não se tomou conhecimento de nenhum "congelamento de preço" ou de "requisições oficiais" para a compra de livros. Em um cenário desses, ela logo se tornou a única livraria em Moscou e na Rússia onde qualquer um vindo da rua podia comprar "sem permissão" um livro. Era divertido ver como a porta se entreabria timidamente e o comprador inquiria, assustadiço:

– Posso ver os livros?
– Por favor.
– Precisa de autorização para comprar?

E a resposta vinha, orgulhosa:

– Aqui ninguém exige certidões e documentos de identidade!

Por que fomos tolerados? No começo ninguém reparou em nós, depois não entenderam bem que tipo de estabelecimento era aquele e talvez tenham julgado inconveniente mexer com escritores que trabalhavam em base cooperativa e sem utilizar trabalho assalariado. Mas quando a loja adquiriu popularidade, ela persistiu somente por inércia. Além do mais, ela funcionava no âmbito da União dos Escritores, que não se furtava a deduzir um percentual notório dos rendimentos. Éramos membros da União e, mais tarde, da direção central e do comitê superior. Ao término de um ano, a livraria se tornou, por assim dizer, obrigatória na vida moscovita. Todas as livrarias municipalizadas foram fechadas "para o propósito de seleção de livros, arremates e redistribuição". Em outras palavras, foram encaminhados para lixões ou para depósitos que eram uma barafunda. Não havia onde comprar livros – só conosco. Como muitos clubes e bibliotecas de trabalhadores foram abertos e fundaram-se novas universidades e bibliotecas públicas (que logo sucumbiram) em outras regiões, uma multidão de compradores da província correu a Moscou munidos de certificados e cartas de crédito, para encontrar uma bagunça completa nas antigas lojas privadas, agora sovietizadas. A pobreza e o medo de requisição compulsória de bibliotecas obrigaram muitos apreciadores de livros a se desfazer dos tesouros literários e a vendê-los por uma ninharia antes que fossem confiscados "para as necessidades do Estado". Todos os vendedores e compradores se viam constrangidos a nos procurar, já que negociávamos livremente livros novos e antigos sem nenhum tipo de restrição ou de documentação oficial.

E ainda por cima entendíamos de livros, coisa de que os novos responsáveis pelo poder soviético não faziam a mínima ideia. Naquele tempo, a maioria dos novos funcionários soviéticos eram "sabotadores", ou seja, gente enregelada e faminta incapacitada para o trabalho e obcecada por rações e distribuições. Não tinham forças para organizar um negócio livreiro. Para completar, nenhum vendedor se dirigia a uma loja soviética. Ele não confiava nas avaliações dos preços, ou temia o confisco puro e simples. Os novos compradores que representavam clubes, bibliotecas e universidades precisavam de conselhos, pois, na maioria, eram jovens inexperientes. Nós não apenas dávamos conselhos e indicações, como também selecionávamos nos estoques pequenas bibliotecas para os clubes e escolas, ou bibliotecas sistematizadas para instituições especializadas (jurídicas, militares, técnicas), e até mesmo bibliotecas básicas pequenas, mas não raro valiosíssimas, para as novas universidades abertas nas províncias.

Houve um período em que compradores desse tipo faziam pedidos gigantescos e esvaziavam a loja diariamente. Era comum vender o produto, digamos, "ainda verde", ou seja, revender bibliotecas recém-adquiridas, mal tirado o lacre das caixas que haviam chegado. Às vezes atuávamos somente como intermediários e enviávamos os compradores fiéis aos endereços dados pelos vendedores, que nos deixavam apenas os direitos de avaliação.

Com todas essas vastas operações, em tempos normais provavelmente estaríamos ricos. Mas não se deve esquecer que os livros espalhados no mercado por indivíduos particulares, que os trocavam pelo pão de cada dia, iam se desvalorizando. É curioso observar que os menos valorizados eram aqueles que em períodos de normalidade seriam buscados como raridades literárias. Elegantes volumes franceses do século XVII, antigos volumes de velhos crentes[7] encadernados em couro, raríssimas coleções de gravuras, livros russos únicos do tempo de Pedro I, edições aldinas e elzevirianas[8] – tudo isso saía pelo preço de algumas libras de pão preto e eram comprados somente por excêntricos.

---

7. "Staroviéry", grupo religioso ortodoxo russo que se recusou a seguir as reformas do patriarca Níkon entre os anos 1650 e 1660, causando um cisma ("Raskól") na igreja russa.

8. Referência às edições impressas, respectivamente, nos ateliês tipográficos de Aldo Manúrio, em Veneza, e da família Elzevir, em Amsterdan, que se notabilizaram, no século XVI, pela alta qualidade gráfica.

Desprovidos de capital de reserva, impossível em pleno colapso do sistema financeiro, não podíamos comprá-los. Só enciclopédias e dicionários, obras de referência, obras completas dos clássicos e livros de arte tinham preço elevado (mas relativo, decerto). O que é um "valor elevado" ficará claro se eu explicar que os cinco tomos de Grabar[9] (um livro de demanda contínua e alta) geralmente custava até dois *puds*[10] de farinha de centeio – menos de três rublos em tempos de paz – e o dicionário de Brockhaus (em oitenta e seis volumes médios encadernados)[11] não chegava a mais de três a cinco *puds*. Por menos de meio copeque de ouro eu comprei, na nossa própria loja, um livro antigo (*A Farmácia Elegante*) que não existe em nenhuma biblioteca pública russa. Por um copeque, um

---

9. Ígor Emmanuílovitch Grabar (1871-1960), pintor e crítico de arte, diretor da Galeria Tretiakóv, em Moscou, entre 1913 e 1925.

10. Medida de peso russa, equivalente a 16,38 quilos.

11. Editora alemã dirigida por Friedrich e Heinrich Brockhaus. Ossorguin se refere ao *Dicionário Enciclopédico* publicado pela editora em São Petersburgo entre 1890 e 1907.

Graciana dos tempos de Ana Ioánnovna[12]. Por dois ou três rublos um indivíduo empreendedor poderia adquirir todos os sete álbuns de gravuras de Rovínski. Esses compradores "excêntricos" sempre apareciam, e era inevitável invejá-los. As anotações a lápis anunciavam os preços: cem, mil, um milhão de rublos o livro, os preços subiam de cinquenta a cem por cento ao dia, mas, na hora da verdade, isso significava uma libra, um *pud* ou um punhado de farinha. Em lugar de dinheiro pelos livros, aceitava-se reiteradamente farinha, sabão, manteiga e açúcar.

Será que não passávamos de comerciantes ou especuladores? Não, isso ninguém imaginava. Mesmo dispondo de um fluxo de caixa às vezes colossal, raramente se podia viver somente com os rendimentos auferidos da loja. Cada um se virava como conseguia, dando palestras ou aulas, fazendo um pouco de literatura e de traduções ou participando de coletâneas delgadas feitas por editoras particulares. De resto, ao viver em meio

---

12. Imperatriz da Rússia entre 1730 e 1740.

aos livros cumpríamos a tarefa discreta, mas importante, de guardar e distribuir livros e ajudar as pessoas que liquidavam os seus estoques a não morrer de fome.

Elas traziam os livros em plena confiança, sabendo que seriam avaliados com justiça e correção e o vendedor não sairia prejudicado. Naquela época, todo comerciante tentava ganhar de cem a trezentos por cento, já descontada a alta diária dos produtos. Porém, ao comprar um livro, tínhamos por hábito estabelecer um preço de vendas ali na hora, perante o comprador, pagando-lhe no ato setenta por cento do montante de venda, ou seja, restringindo-nos à porcentagem de vendas habitual nos tempos de paz. Só era possível graças à rotatividade veloz e à regra básica de nunca ter reservas de dinheiro em caixa e de transformá-las em mercadoria até o fim do dia. Os livros e também os vendedores estavam sujeitos à avaliação. Os especuladores eram repelidos, mas os membros da *intelligentsia*, obrigados a trocar livros por pão, recebiam o máximo possível. Era comum que uma parcela dos livros adquiridos virasse capital morto. Por isso, nossa margem de lucro era muito menor. Volta e meia livros inúteis eram comprados, mas avaliados a sério, com o único fito de ajudar o vendedor. Assim que ele saía da loja o livro era jogado na lixeira. Para a nossa sorte, a situação de monopólio e a popularidade da loja permitiam o luxo de uma filantropia disfarçada que servia de justificativa para a nossa atividade "comercial". Nos dias de bonança, havia também a possibilidade de retirar algum montante para ajudar escritores necessitados por meio de uma transação simples e caseira, sem a participação de "comissões" e falatório. E ainda ajudávamos, obviamente, o caixa da União dos Escritores.

E nos esforçávamos mesmo para salvar os livros. Em um hotel antigo e gélido, situado no mesmo prédio da loja, alugamos três quartos e construímos um armazém. Em armários e caixotes, sobre mesas e estantes, reuníamos as edições em múltiplos volumes que fomos comprando em tomos avulsos.

Os clássicos russos e estrangeiros ocupavam sozinhos um quarto inteiro. Os volumes eram comprados um por um e vendidos somente em forma integral, uma forma de luta contra a terrível degradação dos livros. Outros cômodos alojavam os volumes de edições antigas valiosas e coleções de gravuras. Criou-se uma seção de referência bibliográfica. Somente os clientes mais sérios eram admitidos nesses cômodos, os apreciadores de livros cujos conselhos comumente eram utilíssimos. Nesses mesmos lugares inventariavam-se as bibliotecas adquiridas, para cuja primeira exibição avaliadores e especialistas eram convidados. De botas felpudas e casacões, aquecendo as mãos com a respiração, passávamos dias inteiros ali e na loja, às vezes convocando "um esforço coletivo" para o trabalho noturno e nos feriados.

O grupo se concedeu uma "ração de livros". Isso significava que cada associado (os funcionários assalariados – a caixa, o contador e o mensageiro – estavam em pé de igualdade conosco) podia pegar de graça livros ou por um preço preestabelecido. Todos mantinham bibliotecas pessoais e passavam para o setor de vendas as duplicatas e os livros menos necessários. As lacunas eram preenchidas pelo bom estoque. Felizmente, as especialidades eram diferentes. O filósofo era o primeiro a realizar a vistoria e a seleção da biblioteca de filosofia, o historiador cuidava principalmente do que lhe cabia e o especialista em arte pegava o seu quinhão. Ao longo de quatro anos de trabalho refinamos e engrandecemos as bibliotecas pessoais, preenchendo-as com tesouros de tal ordem que nunca poderíamos ter sem a proximidade acidental com aqueles livros. No grupo havia cinco italianófilos, mas isso não me impediu de reunir em tempo breve quase todos os livros sobre a Itália que haviam saído em russo e também muitos em idiomas estrangeiros. Eles somavam mais de seiscentos volumes sobre a vida cotidiana italiana do passado e do presente. Um de nós formou uma biblioteca de clássicos magnífica, nas melhores edições e dotadas de belíssimo aspecto. O curioso é que infundimos a paixão pelos livros em um dos mensageiros, um indivíduo sem qualquer tipo de instrução e que também montou uma biblioteca de clássicos da qual muito se orgulhava. Antes ele não tivera nada além de umas brochuras desmazeladas recolhidas ao acaso.

Nem preciso dizer que acabamos aprofundando nosso conhecimento de livros. Exercitamos áreas até então completamente estranhas, como as técnicas, as médicas e, em parte, o ramo dos livros antigos. Quando o período de atividade livreira foi chegando a termo, já nenhuma seara do conhecimento constituía embaraço, e dificilmente nos enganávamos ao recolher e avaliar livros de obstetrícia, ciências naturais ou engenharia mecânica. O lápis corria rápido e ininterrupto por qualquer lista disponível, desde que a editora, o ano de publicação e a quantidade de volumes estivessem assinalados.

Algum dia, espero que eu ou alguém retome as recordações sobre os tipos humanos dos fornecedores e compradores. Então contaremos a história dos velhos professores que traziam de suas bibliotecas, inicialmente os livros desnecessários, depois os valiosos, depois as porcarias baratas e por fim... os livros de terceiros, em consignação. Falaremos das damas que encaminhavam romances franceses, das crianças que se separavam da literatura de infância, dos colecionadores que, livro após livro, se desfaziam de tudo que constituíra o sentido de sua vida, dos livreiros que vinham respirar ares conhecidos, dos novos-ricos compradores de livros "preciosos", investindo-lhes um dinheiro que perdia célere o valor, dos trabalhadores que arrematavam para um clube. Falaremos dos conhecedores que dedilhavam apaixonadamente as folhas de uma raridade encontrada, do intelectual teimoso que tentava sobreviver com um alimento espiritual quando todos os interesses se reduziam a uma libra de farinha e uma dezena de arenques soviéticos. Havia clientes que apareciam todo dia apesar de não irem comprar, mas tão somente flanar pelas estantes, admirá-las e estar entre os livros. Alguns conheciam as estantes melhor do que nós e se alegravam com cada novidade interessante. E havia muitos que vinham apenas prosear sobre filosofia, literatura e arte. À tarde a loja parecia um clube em que estudiosos, escritores e artistas marcavam encontro, conversavam e aliviavam a alma daquele modo de vida prosaico. Um comprador ocasional, atraído da rua pelo letreiro, ouvia espantado um vendedor da loja discutir com um comprador assuntos filosóficos elevados, literatura ocidental e questões artísticas refinadas enquanto seguia os afazeres de empacotar os livros, redigir a conta, limpar o pó do chão e alimentar o fogo. Só não se falava de política. Não por medo, mas apenas porque o objetivo principal era exatamente fugir da política, um desejo de permanecer na esfera de interesses culturais.

Minhas breves recordações desembocariam em um volume inteiro se eu contasse em detalhe sobre os tesouros em forma de livro que foram jogados ao léu no mercado nos primeiros anos da Revolução e qual foi o seu destino. O mais lamentável foi a sina dos livros confiscados. Eles não tiveram armazenamento adequado e não havia gente que entendesse do assunto para selecioná-los. Mas pior ainda quando eram tocados pela mão de algum profano metido a culto. Quando a triagem começava, os livros estrangeiros eram os primeiros a ir para o entulho por "não serem necessários a ninguém". Depois, os "livros velhos" em geral. Esse entulho era vendido aos *puds* ou simplesmente jogado fora. Assim, por exemplo, pelo preço de uma velha folha de jornal, um bibliófilo comprou e depois me trouxe coleções encadernadas de revistas humorísticas francesas e italianas da época da Revolução Francesa. Pelo mesmo preço consegui alguns livros italianos do século XVII com gravuras. Conheço um indivíduo que, em virtude de seu trabalho relacionado estreitamente com a Imprensa Central, constituiu uma biblioteca de raridades preciosíssima a partir do entulho destinado a ser vendido a peso – embora, a bem da verdade, eu não esteja convicto de que os sábios conselhos que ele dispensava durante a seleção dos livros não fossem em óbvio interesse próprio. É preciso notar também que uma parte significativa dos livros saídos de coleções (não os exemplares comuns) era enviada para distribuição a bibliotecas de trabalhadores. Nas capas de edições raras que iam parar nas listagens devido a erros de compreensão do título, as etiquetas, números e envelopes vinham colados com goma. Os volumes avulsos oriundos de edições integrais se dispersavam por múltiplas bibliotecas onde eram indesejados, rabiscados e rasgados por leitores insatisfeitos, volta e meia se convertendo em papel para cigarros. A justiça exige dizer que as estantes das grandes bibliotecas estatais russas se locupletaram graças exatamente ao confisco de bibliotecas particulares, e assim os livros que serviam a poucos apreciadores ficaram ao alcance geral. Mas o preço para atingi-lo foi o colapso e a dispersão de incríveis riquezas das bibliotecas russas.

Quais seriam essas riquezas, é difícil imaginar. No transcorrer do negócio livreiro, ofereciam-nos repetidamente, para compra ou consignação, coleções de livros que impressionavam pela seleção esmerada e pela conservação dos exemplares. A tentativa de apresentar o vendedor às bibliotecas públicas e aos museus quase sempre era malsucedida, visto que as alocações de recursos para aquisições eram insignificantes e somente instituições políticas como a Imprensa Central podiam gastar livremente. Lembro como certo dia me ofereceram a compra de cinco carroças de volumes franceses do século XVIII com *ex-libris* e gravuras valiosas. Pediram pelas cinco carroças não mais de cinco rublos em dinheiro de tempos de paz, mas o arrendamento das próprias carroças, da propriedade rural até Moscou, custava vinte vezes mais, e foi preciso recusar. A listagem assinalava edições raríssimas, que hoje em Paris vão a leilão por alguns milhares de francos o volume. Acabamos não comprando, os órgãos encarregados não estavam sequiosos por aqueles estrangeirismos, e os livros foram largados na casa abandonada. Ouvi dizer que a garotada da aldeia usava os volumes em couro para jogar *bábki*[13].

Casos assim eram incontáveis. Narrarei apenas mais um acontecimento curioso, quando conseguimos salvar manuscritos muito valiosos da comercialização para mãos particulares. Certo dia

---

13. Jogo popular entre as crianças russas (conhecido como jogo dos ossos ou jogo da bugalha).

um modesto cidadão passou pela loja e trouxe para vender um álbum de veludo verde com presilhas de prata. No álbum havia, cuidadosamente encadernadas, cerca de cinquenta cartas pessoais de Catarina II para Arkhárov, governador de Moscou, e algumas cartas dos colaboradores de Catarina para ele. O vendedor era um descendente de Arkhárov caído na miséria. Ele pediu que comprássemos os manuscritos por qualquer preço. Impossível lhe pagar o preço verdadeiro (e como se poderia definir um?), e ninguém queria explorar sua situação material penosa. Sendo assim, lhe demos o endereço de museus e fornecemos cartas para curadores, diretores e professores de história. Depois de uma semana ele voltou com o álbum e disse que nenhum museu podia comprá-lo, sequer por uma ninharia, pois os recursos eram ínfimos e ficava inviável pedir verbas para a aquisição de cartas de uma imperatriz. Ele acrescentou que a necessidade o obrigava a vender o álbum mesmo que no mercado, apenas pelo valor do veludo e das presilhas de prata. Então juntamos todo o dinheiro disponível, recusamos a compra de outros livros necessários, reescalonamos os salários e demos ao herdeiro de Arkhárov o máximo que estava em nosso poder. Passado um mês, ele trouxe cerca de cinquenta manuscritos adicionais, em meio aos quais novamente havia lotes de cartas de Catarina II com anotações a lápis de sua lavra, documentos secretos relacionados à sua viagem pela Rússia e ao exílio de proprietários de terra caídos em desgraça, cartas de Paulo I e dos mais famosos cortesãos da época. E tudo isso preservado de modo extraordinário. No álbum, a tinta de algumas cartas de Catarina ainda reluzia com pó dourado. Acabamos por comprá-las também. As nossas investigações indicaram que as cartas do primeiro álbum eram conhecidas pelos historiadores e publicadas com regularidade. A segunda série de manuscritos era completamente desconhecida. Não havia a menor dúvida quanto a sua autenticidade, e a sequência de transmissão por via hereditária foi estabelecida. Era evidente a impossibilidade de apregoar documentos tão valiosos. Por dois anos eles ficaram guardados no meu apartamento, ou então, quando este foi ameaçado por batidas policiais, no depósito da livraria. Mas eu morria de medo que, por ocasião de alguma busca aleatória, algum comissário semianalfabeto confiscasse os documentos e depois eles sumissem nos gigantescos arquivos da Tcheká[14]. Para falar francamente, também decidimos não os presentear a um museu qualquer. O temor era que passassem pelo mesmo tipo de "expurgos" de museus que atingiram as bibliotecas públicas e os depositários particulares. Além do mais, ninguém era rico o suficiente para dar um presente desses para as instituições oficiais. Somente em 1921 ou 1922, antes da liquidação da livraria, vendemos todos esses manuscritos para o Museu Histórico de Moscou por um preço convencional e fictício. Lembro que no pacote eu ainda incluí algumas "besteirinhas" que nos haviam chegado por outros canais, por exemplo uma espécie de diploma assinado simultaneamente por Catarina II e Pedro III.

---

14. A "Comissão Extraordinária de Toda a Rússia para o Combate à Contrarrevolução e à Sabotagem" ("Vserossískaia tchrezvytcháinaia komíssiia po borbié s kontrrevoliútsiei i sabotagem"), polícia política criada em dezembro de 1917.

Aqui seria o caso de falar de outra iniciativa curiosa da Livraria dos Escritores: a nossa "editora de manuscritos". Quando ficou impossível publicar nossas próprias obras, veio a ideia de publicar textinhos breves em um único exemplar manuscrito. Fizemos uma primeira experiência e os apreciadores de manuscritos se interessaram. Uma série de escritores apoiou a ideia. Despontaram na vitrine livros-manuscritos de poetas, ficcionistas e historiadores da arte, na forma de caderninhos de fabricação caseira, geralmente portando na capa um desenho de próprio punho. Os livros venderam bem, a preços bastante acessíveis, e nasceu a ilusão de que nossa criação literária, apesar de tudo, era publicada e chegava até o leitor. A livraria adquiria para a sua coleção apenas um manuscrito de cada escritor, que nos dava as obras em consignação. Depois doamos essa coleção para a União de Escritores de Toda a Rússia, onde se pode imaginar que esteja até hoje. Os demais exemplares únicos da época revolucionária dispersaram-se nas mãos de apreciadores particulares, e somente o Museu Histórico em Moscou aventou adquirir alguns espécimes curiosos. Infelizmente, a lista das Edições Manuscritas da Livraria dos Escritores, o seu catálogo completo com medidas detalhadas, número de páginas e descrição dos desenhos ficou em minha casa, em Moscou. Ficarei muito feliz se algum dia conseguir publicar esse índice, o único do tipo[15].

★★★

A minha história já se arrasta em demasia, e portanto eu me vejo obrigado a deixar de lado alguns detalhes característicos do cotidiano da livraria. Serei breve sobre o seu destino ulterior. Após vivenciar uma municipalização indolor, ela logrou permanecer incólume mesmo durante a nacionalização do negócio livreiro na Rússia. É verdade que certa vez fizeram uma tentativa de fechar e lacrar-lhe as portas. Mas o renome da

---

15. A lista foi afinal publicada, em 1932, no número 3 de *Vremennik óbschestva druziei rússkoi knígui*, em Paris. Consistia de quase duzentos itens. Em 1989, ela foi complementada por N. A. Bogomólov e S. V. Chumikhin com novos itens e com a indicação da localização dos exemplares na URSS.

Livraria, o seu reconhecimento de utilidade geral, o seu caráter de cooperativa, a defesa feita pela União dos Escritores (dirigida por membros da cooperativa), e também nossa própria autoridade de tradutores (naquele tempo, o poder flertava com os escritores), somadas às boas relações pessoais, conseguiram fazer com que a Livraria ficasse fechada apenas por três dias. Vencemos a luta contra as instituições inimigas e as funções da Livraria continuaram nas mesmas bases. Levamos alguns registros e apresentamos uns relatórios meramente formais. Em 1921, foi preciso mudar de instalações, pois nos expulsaram da velha casa na travessa Leóntievski n. 16. Os comunistas precisavam da loja e do hotel. Com grande dificuldade, por intermédio do Setor de Moradia, obtivemos na rua Bolcháia Nikítskaia (n. 22) uma antiga loja de roupas de cama, toda congelada e tapada com tábuas, com estantes quebradas e porão inundado. As despesas da mudança saíram tão caras que foi preciso gastar a "reserva áurea" acumulada por três anos, algo próximo de cem ou cento e cinquenta rublos de ouro. Contudo, a livraria, agora nova e grande, foi toda reformada. Os passantes pela Bolchaia Nikítskaia olhavam embasbacados a janela espelhada, limpa a talco e transformada em vitrine. Todas as outras lojas da rua, exceto algumas mercearias imundas, ainda estavam lacradas e completamente abandonadas, já que não havia venda privada. Coube-nos o pioneirismo, e foi com alguma solenidade que erigimos um letreiro. Na nova loja, de dimensão maior, já não havia mais a intimidade do ambiente antigo. O comprador ocasional passou a predominar em quantidade sobre o cliente fiel naquela rua agitada. Rapidamente, outras livrarias particulares foram abertas na mesma rua, de sorte que, apesar das condições iniciais precárias, o negócio livreiro foi o primeiro a tomar o rumo do mercado privado.

Logo veio a famosa NEP. Ainda que o monopólio não fosse mais nosso, não havia concorrência verdadeira, pois a empresa era "antiga" e gozava de atenção especial. Mas não pudemos desfrutar de todas as delícias da NEP: rapidamente os impostos começaram a incidir. A título de pequeno exemplo do teor desses impostos, mencionarei apenas que (tendo em vista o "privilégio" do negócio livreiro) nos obrigaram a pagar meio milhão de rublos de imposto semestral em uma época em que nossa arrecadação bruta anual, na taxa de conversão do dia, equivalia a apenas um milhão de rublos. Houve recursos e procrastinação, mas a nossa existência já estava envenenada. Impossível viver dos rendimentos auferidos pela loja ou sequer financiar um quarto do nosso orçamento pessoal. Após várias experiências (captação de associados abastados, venda de manuais a varejo etc.), tivemos que cogitar a venda do rebento para um negociante particular, e a Livraria (mas não a empresa, que nós retivemos) foi vendida. Na partição cada um recebeu a mesma soma em ouro trazida na fundação do negócio, uns duzentos rublos.

É possível que ao recordar a cria querida eu não tenha impedido certa idealização do caráter dessa iniciativa comercial. Acredito, porém, que ela fez história, inclusive pela própria época de sua existência (os anos 1918-1922), e que valia a pena lembrá-la e contá-la. Na história da cultura russa e, em especial, do livro russo, a Livraria dos Escritores ocupa algumas linhas especiais.

NOSSO MODO DE FAZER NEGÓCIOS[1]

É sempre com prazer e ternura especiais que eu recordo o tempo em que estive atrás do balcão da Livraria dos Escritores em Moscou. Quinze anos transcorreram desde o dia de sua fundação. Escrevi a respeito em detalhe na revista bibliográfica *Vriemennik*. Eu gostaria aqui de lembrar de nós mesmos, os empregados-proprietários inesperados e improvisados.

Abrimos uma loja de escritores quando todos os jornais e revistas estavam fechados. Ela foi inaugurada para prover o pão de cada dia e para que os livros não ficassem distantes. Como

---

1. "Kak my torgováli", publicado em *Posliédnie nóvosti* [*As Últimas Notícias*], n. 4652, Paris, 17 dez. 1933.

todo o negócio livreiro foi logo nacionalizado e as livrarias desapareceram, então a nossa, que existia sob a proteção da União dos Escritores de Toda a Rússia, pôde permanecer intocada. Ela ficou "fora de comparação" e logrou atender Moscou e a Rússia inteiras. Em Petersburgo uma iniciativa similar surgiu e vingou (a Cooperativa de Livros Petropolis), um pouco diferente da nossa nos objetivos e no tipo de organização. Regulamentados como uma cooperativa (a bem da verdade, não se sabia bem por quê), nós comprávamos e vendíamos livros sem permissão, atendendo a indivíduos particulares, bibliotecas e universidades. Assim subsistimos cinco anos, até que a famosa NEP nos esmagou com a concorrência e os impostos.

Às nove da manhã, uma figura de botas de feltro e gorro de pelo de carneiro destrancava a loja. Era o historiador da literatura e professor Borís Griftzov, jovem e popular, especialmente entre as ouvintes. Às vezes nossa caixa, E. Dilevskaia, conseguia chegar mais cedo. Ela tinha uma maravilhosa voz de soprano, uma futura artista que quase perdeu a voz atrás de um balcão congelado.

Borís Záitzev e o filósofo N. A. Berdiáiev se revezavam na portaria. Eu e A. S. Iákovlev, hoje um confiável escritor soviético, estávamos na labuta todos os dias sem falta. O professor A. K. Djivelegov, um dos nossos melhores "vendedores", entrava lépido e montava praça horas a fio. Essa era a composição mais estável de associados. Outros três fundadores estiveram conosco por pouco tempo (o excelente bibliógrafo M. V. Lind, o teórico de arte P. P. Murátov, agora infelizmente a caminho do Extremo Oriente[2], e o poeta V. F. Khodassiévitch).

Quem tocava a maior parte do negócio éramos eu e Griftzov, que morava na minha casa, na Travessa Tchernychévski, quase ao lado da loja (ela ficava na Leóntievski, depois na Bolchaia Nikítskaia). Cuidávamos da ordem geral, aquisição de livros, avaliação, caixa, corte de lenha, aquecimento do fogareiro e trabalho no depósito. O gentil Iákovlev encarregava-se sem queixas do

---

2. Murátov (1881-1950), emigrado como Ossorguin, decidira partir para Kharbín, na Manchúria.

transporte dos livros em trenós. Ninguém sabia mimar um comprador e montar um catálogo de uma biblioteca universitária básica como Djivelegov, o "historiador do Renascimento". Borís Záitzev, encarregado da seção de literatura de ficção, reunia todas as qualidades da bagunça administrativa e da falta de talento comercial. N. Berdiáiev lhe fazia concorrência nesse aspecto. Ele era seríssimo com os negócios, mas nunca sabia sequer amarrar corretamente o barbante dos pacotes. Por outro lado, em relação ao setor de livros de filosofia, ele era incomparável!

– Os senhores têm as obras de Nietzsche? – perguntava o comprador.

– Por favor, dirija-se ao professor Berdiáiev.

Um momento de fervente atividade comercial de Nikolai Aleksándrovitch!

– O senhor quer Nietzsche? Em alemão ou em russo?

– É melhor em russo.

– Há algumas edições russas de Nietzsche. A edição de Kliukin é pior do que as outras. Tanto a seleção do material quanto a tradução são ruins.

– Eu gostaria de uma boa edição.

– Há outras, mas também têm falhas.

Segue-se uma pesquisa detalhada das edições russas de Nietzsche.

O comprador ouve com respeito, o filósofo expõe com pleno conhecimento do assunto e desejoso de ajudar o comprador na decisão. Por fim, a escolha é feita, e Nikolai Aleksándrovitch diz:

– Infelizmente, não temos essa edição.

– Bom, então eu levo outra, não há nada a fazer.

– Sim, isso é muito embaraçoso, mas os tempos são esses...

– O senhor poderia me mostrar?

– O quê?

– Alguma edição de Nietzsche.

– Mas o senhor não queria necessariamente uma russa?

– Eu gostaria de uma russa.

– Só que no momento não temos nenhuma edição russa.

– Nenhuma mesmo? Nem a de Kliukin?

– Nem a dele. E é uma edição ruim!

– Ah, puxa vida, eu não havia entendido. Bom, então terei de levar a alemã, embora eu não seja muito fluente no idioma. Me mostre mesmo assim.

– A edição alemã? Só aparece aqui muito raramente. Não temos uma edição alemã!

E Nikolai Aleksándrovitch Berdiáiev, com um sorriso de bondade e um sincero pesar, olha para o comprador embatucado. Ele fica realmente aflito por não poder ajudar em absoluto a natural sede de conhecimento daquele homem.

O comprador se embaraça, mas a conversa continua. Berdiáiev elucida com autoridade e persuasão algo sobre o livro de Lichtenberger, que faz uma apresentação famosa de Nietzsche, mas, é claro, também tem lá as suas insuficiências. Ele consegue interessar por alto aquele buscador de sabedoria propenso a comprar o livro, mas que inquire, ressabiado:

– E o Lichtenberger, o senhor tem?

– O senhor quer dizer eu pessoalmente ou aqui na loja? Gostaria de comprar?

– Sim.

– Só que não temos o Lichtenberger.

– Ah.

O comprador fica meio perplexo, e Nikolai Aleksándrovitch fala, aflito:

– É muito constrangedor não ter o Nietzsche! A pessoa se interessa e não consegue em lugar nenhum. Ter que recusar assim, de maneira tão desagradável...

Borís Záitzev fica a cargo dos clássicos e da literatura russa contemporânea. Ele tem uma postura bem definida em relação a escritores variados, mas não entende direito por que às vezes uma obra boa custa barato e uma ruim sai caro. Além disso, ele mistura milhares e milhões, não sabe o conteúdo das estantes, e os pacotes que ele amarra com barbante e embrulha em papel geralmente se esfrangalham. Em geral ele fica um tanto espantado pelo fato de a gente estar ali comerciando, e até bem, pois não só não fomos à bancarrota, como naquele dia até compramos, com o faturamento, um lote de manteiga, na base de uma libra por pessoa.

Em compensação, que talento tem o professor Djivelegov, eternamente jovem e jamais deprimido! Os homens ele conquista pelo saber e pela firmeza das opiniões; as mulheres, principalmente porque ele chama a todas de "queridas moças", sem exclusão das mais respeitáveis e das que já não escondem a idade.

– Escute aqui, querida moça, o que é a alegria de ler os romances de Gyp[3] quando se tem quase todas as obras de Balzac? Vamos ali na estante de literatura estrangeira.

Palavras confiantes eram entreouvidas:

– De história? Não apenas uma seção de história, em duas ou três semanas podemos arrumar uma biblioteca básica exemplar. Dicionários? Ora, claro, do que lhe aprouver.

E era verdade. Conseguia-se de tudo, os nossos livros eram comprados a mancheias. Enquanto a cada dia o dinheiro se desvalorizava, o comércio "com toda a Rússia" nos permitia comer milhete ou até carne de cavalo, e ainda ajudar famílias de professores e escritores necessitados.

3. Sybille Riquetti de Mirabeau (1849-1932), romancista francesa, autora de mais de uma centena de livros, conhecida pelo pseudônimo de Gyp.

A. S. Iákovlev especializava-se em manuais e na compra de livros da vizinhança pobre. Volta e meia as pessoas traziam livros desprovidos de interesse. Aleksandr Stepánovitch se retirava com o vendedor para um canto afastado, cochichava e, envergonhado, passava um cheque para o caixa.

– Olha o pagamento pelo livro, eu acabei comprando.

Mas quando o vendedor saía, ele agarrava a cabeça com as mãos:

– Onde é que a gente vai enfiar essa porcaria? Não tem serventia nenhuma.

– E por que você comprou?

– Não dava para recusar. O sujeito bamboleava de fome, trouxe o último que tinha.

Nós o chamávamos de "explorador de viúvas", e ele ficava abespinhado, de verdade.

Ele quase soluçava quando afanavam nossos livros das estantes do modo mais insolente possível. A entrada era livre.

– Isso é intolerável! Eu fiquei o tempo todo acompanhando e vi quando ela botou um livro atrás do outro na sacola! E ela não entende nada do assunto, fez sem qualquer seleção, só pela capa.

– E por que você não a acusou?

– Como eu poderia? Seria uma vergonha danada! Embolsar livros! E não foi a primeira vez, foi por isso que comecei a ir atrás dela. Da próxima vez lhe direi na cara para dar o fora!

Mas ele nunca se decidia a dizer, e o mais simples acabava sendo reservar no balancete uma certa quantia relativa aos roubos, como se fosse um mal necessário. Ocorriam também arrombamentos e, depois deles, o cadeado era reforçado. Roubavam invariavelmente os cinco volumes de Grabar, *A Imperatriz Elizabete e Aleksiéevna*, ou *A Marquesa*, de Sómov, e ainda outras edições caras, os "livros-moeda", como eram conhecidos, para os quais sempre havia comprador. Os ladrões eram inteligentes e conhecedores do assunto.

Vestindo sobrecasaca de pele, excelentes botas de feltro de Kazã e um par de luvas de tricô, eu corria da loja até o depósito, construído um andar acima, nos quartos de um hotel semicongelado. Na verdade, o hotel inteiro estava congelado, mas em um dos quartos nós instalamos um forno, e assim era possível folhear as páginas dos livros sem enregelar os dedos completamente. Minha seção era a dos livros antigos, a mais valiosa e a que menos atraía os compradores. Imensos *Tchéti-Miniei*[4] em couro, em edições da época de Pedro, o Grande, bem como edições aldinas e elzeviranas estrangeiras saíam por um punhado de farinha. Mas que prazer era localizá-los, selecioná-los e avaliá-los! E que alegria quando eles caíam nas mãos de um apreciador ou de um conhecedor que não fosse um comprador ocasional. Em outros cômodos do depósito ajuntavam-se os volumes dispersos de coleções de clássicos, coligiam-se séries completas de revistas e de obras em vários tomos e realizavam-se as grandes encomendas. No decorrer de cinco anos, grandes riquezas e raridades bibliográficas passaram por nossa loja, e cada um de nós, valendo-se da "ração" de livros que

---

4. Livros de vidas de santos da Igreja Ortodoxa, destinados para a leitura (não para as cerimônias religiosas).

atribuímos, amealhou uma biblioteca particular. Até um soldado semialfabetizado que certa vez trabalhou para nós como entregador e que recebeu uma "ração" em pé de igualdade com todos, montou uma biblioteca pessoal de clássicos e teria se encaminhado na vida se não fosse seduzido pela especulação no mercado negro e pela possibilidade de trabalhar como policial. Logo pediu demissão da loja e se tornou arrombador e bandido.

Valeria a pena nomear os clientes da loja, entre os quais havia muita gente famosíssima do mundo acadêmico e administrativo, mas talvez não seja apropriado evocar aqui os nomes de cidadãos soviéticos. Vinham em peso, porque era quase impossível conseguir alguma coisa nas lojas nacionalizadas. Elas eram administradas por gente ignorante, logo, os compradores tinham que apresentar comprovantes e autorizações. Fomos tolerados porque também tinham necessidade de livros os indivíduos que contribuíram para o seu fim nos cemitérios estatais, onde eles apodreciam em porões abarrotados e eram saqueados pelos encarregados. As centenas de novas bibliotecas que surgiram nas novas instituições e nos clubes de trabalhadores preferiam ir até a nossa loja, onde tudo se resolvia de modo simples e rápido, sem formalidades. A *intelligentsia* e os colecionadores depauperados levavam seus tesouros para trocá-los por pão e escapar do confisco. Nós adquiríamos tudo, pagando o possível, de cartas genuínas de Catarina II a manuais escolares rotos. A circulação veloz beneficiava os vendedores e nós mesmos.

Nos dias da NEP surgiram outras livrarias (a dos poetas; a Zádruga, esta com S. P. Melgunov e A. A. Kizevetter; a livraria do professor Vipper, e outras). A nossa empresa, sendo da "velha guarda", não sofria pressão muito forte da concorrência, mas quando pespegaram um imposto semestral que em muito excedia a nossa receita anual foi preciso depor as armas e pedir rendição. Vendemos a livraria e recebemos o mesmo valor insignificante em ouro dado como subsídio na fundação do estabelecimento. Foi, é claro, uma transação brilhante.

Como não recordar com amor e alegria um trabalho vital que nos permitiu realizar uma tarefa de verdade e não um serviço estatal? A nossa ração era mais doce do que as rações oficiais, e também mais nutritiva. Lembro-me de como N. A. Berdiáiev, que recebia uma ração "acadêmica" em virtude de seu título de professor, certa vez trouxe para a livraria uma sacola cheia de arenques. Todos se alegraram, mas ele não sabia como pagar o cocheiro, a quem prometera remunerar em peixes. Arfando e agitado, ele me perguntou:

— Mas quantos arenques eu dou para ele?

Eu respondi, a sério:

— Cinco, é claro.

— Você acha que cinco?

— Com certeza seis.

— E por que exatamente seis?

— Porque devem ser sete.

Ele começou a catá-los na sacola, mas de novo titubeou:

— Não seria bom escolher para ele os maiores e os mais gordos?

– Ora, é claro, escolha os oito melhores arenques!

Ele escolheu nove, colocou mais um e ficou felicíssimo porque o cocheiro ficou satisfeito e lhe agradeceu longamente, de chapéu na mão. Só que, assim como agia nos assuntos da loja, sempre meticuloso e filosoficamente preciso, ele não conseguiu chegar a uma conclusão segura sobre a quantidade de arenques que seria o padrão justo para o pagamento do trabalho de um cocheiro.

– É provável que uns sete, pois ele ficou tão agradecido. Mas é claro que eu não vou ficar lamentando, sobrou o triplo para mim. É até demais...

– Ora, é compreensível. Afinal, você é um professor, e ele é só um cocheiro!

A PROPÓSITO DE BIBLIOMANIA[1]

Na quinta-feira passada, uma notinha de jornal intitulada "Bibliomania" me irritou muito, especialmente a definição (tirada de A. Disraeli) de bibliomania como "a paixão por colecionar livros, na ausência de um interesse sério pela leitura". Uma definição digna de um bedel ou de um ex-secretário de governo provincial. Não é apenas uma injúria: trata-se de uma mentira rematada! Entre a bibliofilia (o amor pelo livro belo) e a bibliomania (a paixão pelo livro raro) a diferença essencial é só aparente. Um livro belo é raro, e o raro é belo pela sua raridade. Tudo

---

1. "Kak my torgováli", publicado em *Posliédnie nóvosti,* n. 3921, [Paris], 17 dez. 1931.

reside no temperamento do apreciador de livros: o bibliófilo é cálido; o bibliômano, ardente; um é amor suave; o outro, uma paixão torturante. Mas o objeto do amor e da paixão é um só, a mais nobre das belas damas, o livro[2].

Um livro vive independentemente do seu conteúdo. Ele é um valor em si. Se na base do amor pelo livro residisse apenas o "interesse pela leitura", o que se faria com um livro lido duas ou três vezes? Picotar e transformar em cigarros? Deixar pendurado em uma tarraxa para usar no banheiro? O verdadeiro amor é um sentimento constante que não arrefece apenas com três beijinhos. Ele pede cumplicidade, gratidão e contato permanente. Já a paixão é uma sede de posse necessária e exclusiva, a exigência de ter apenas para si. É um sentimento obviamente egoísta, mas valioso pela sua alta intensidade. Sentimentos tépidos e prudentes os há em grande número (para com as pessoas e os objetos), mas nesse

---

2. A palavra "livro", em russo, é do gênero feminino (*kniga*).

caso é apenas uma questão de gosto. Em qualquer ramo da vida, eu preferirei um amalucado apaixonado e sincero a um funcionário certinho e a uma tabelinha matemática pedestre.

Vejamos um exemplo. Um bibliômano colecionou apenas livros de uma medida específica, medindo-os com régua. Isso, é claro, é uma loucura mansa, contudo perdoável, pois o sujeito endoidou de amor pelo lindo objeto. Há colecionadores de erros de impressão famosos. Não vejo o que há de ridículo! Uma falha de impressão genial não valerá mais do que vários volumes de uma obra exânime? Em lugar de horas e dias de tédio, a alegria radiante do minuto. Um colecionador de *super-libris*? É coisa que bem pertence ao reino da arte. Um colecionador de encadernações? Também! De livros raros, apenas por que são raros? E o que é um diamante, ou uma pérola robusta, ou o ouro? O seu valor reside somente na raridade, em comparação com um paralelepípedo ou com o ferro. Ninguém acusa o ministro da economia de ouromania. Toda a gente a considera natural, nunca algo que deva merecer louvações. Entretanto, um antigo abajur de ferro forjado é muito mais belo e significativo do que um lingote de ouro. Vá convencer um bibliômano de que uma pérola imaculada, e ainda por cima pesando um *pud*, seja melhor do que a Bíblia de Ostrog? É impossível persuadi-lo, pois é evidente que a Bíblia será melhor, ainda que carcomida pelos vermes.

Mas é mentira, e das graúdas, dizer que o bibliômano seja desprovido de interesse pela leitura. O bibliômano lê de um modo só seu. Seu procedimento não é pegar o livro com as mãos, e sim com as pontinhas dos dedos, para desfrutar do toque. Ele observa a encadernação, cada uma das nódoas e cada um dos furinhos. Se o couro pende, aqui e ali, da madeira ou da cartolina, o bibliômano vivencia mentalmente uma época (ou as épocas!) enquanto o couro afila, pui e decai. Ele olha a lombada e vê um mestre-encadernador a segurar o livro sob a prensa, dourando e secando longa e cuidadosamente as letras. Depois, ao abrir o livro, ele sente a cabeça rodopiar suavemente com o aroma, o cheiro de tinta decomposta e de papel algodão mesclado por vezes a incenso, lavanda ou um velho tabaco de Júkov[3]. Algo que transcende e supera qualquer Guerlain ou Coty![4]

E agora que o livro está aberto... Diga lá, como você o lê? No melhor dos casos, desde o prefácio; no pior, não passa de uma vista d'olhos. A folha de rosto lhe interessa? Você presta atenção na paginação? Sabe em que tipografia o livro foi impresso? Em que fonte? Em que tipo de papel? O bibliômano inicia a leitura pelo lado interno da capa, onde aparentemente não costuma haver nada de peculiar. Mas pode suceder que a capa seja de papelão fundido e colado a partir de um velho papel de maculatura, por vezes mais interessante e precioso do que o livro em si. Mas então, ah, a felicidade existe!, será mesmo simples maculatura ou páginas antigas de algum *Hexameron* famoso, de uma tipografia húngaro-romena,

---

3. Tabaco fabricado pelo comerciante Vassíli Júkov em Petersburgo. Era muito apreciado por Dostoiévski e por diversos escritores e personagens da literatura russa.

4. Marcas famosas de perfumes.

ou mesmo de um *Apóstolo* de Lvov? Não faz mal testar a encadernação com um estilete afiado, mas com cuidado, sem danificá-la (isso, porém, é um caso raríssimo)! É comum encontrar, no verso da capa ou na folha de guarda, palavras rubras escritas a pena de ganso: "o presente livro pertence…" Talvez um *ex-libris* venha aposto, mas de quem ou quando? Que brasão é esse, e que ampulheta será aquela? O que significa a divisa latina na faixa desfraldada? Em russo, recebemos a explicação de que "Tudo passa, mas o pensamento é imortal". Lamparinas ardentes, urnas, cobras, sinais do zodíaco, crânios… Você se abandona à contemplação e aos devaneios, e ele, o antigo proprietário, fica observando, casmurro e invejoso, a um século de distância. O tempo flui, até a hora em que o apaixonado por livros alcança enfim a folha de rosto.

Lá está ela a embelezar o livro inteiro! Proibido negligenciar qualquer letra ou traço! Ela antecipa e reflete todo o conteúdo, sentido espiritual e caráter do livro. São letras vivas e livres de hierarquia. Cada uma tem vida própria. Uma é retilínea, enquanto a outra é oblíqua. Esta é angular, aqueloutra se debruça em suave letra de fôrma. Não são os soldados hodiernos, e sim cidadãos livres. O nome da tipografia fica embaixo, um conhecido tão íntimo como o nome do melhor amigo. Pode ser "De Klávdia", às vezes "Tipografia Selivánovski" ou ainda Nóvikov, e o que dizer então de um "Mosteiro do Santo Milagre em Potcháiev" ou de um mui sonhado "Disposto pelo Doutor Frantzisk Skorina de Pólotzk"[5], ou ainda de um "Submetido ao grande auxílio de Deus e impresso na gloriosa e insigne cidade de Moscou", ou ainda "к.к.к.о.", que significa "Konstantin Konstantínovitch Kniáz Ostrójskii"[6], vale dizer, impresso no verão da encarnação de Nosso Senhor Jesus Cristo, 1581, em Ostrog, *in folio*! Esse aí já é uma raridade, e feliz de quem obteve a sua graça!

Quanto mais remoto o ano, mais o coração se enternece, pois o âmago de cada página preserva os rastros dos toques dos apreciadores de livros, cujos ossos já há muito apodreceram sob a terra,

---

5. Escritor e tradutor bielo-russo (1490?-1551?), um dos primeiros editores na Europa Oriental.
6. Konstantín Konstantínovitch, príncipe de Ostrog.

mas que mantêm o espírito vivíssimo e conversam com você sobre as santas façanhas do tipógrafo e do gravador. O próprio Ivan Fiódorov, insigne tipógrafo, observou aquela página contra a luz, e o mesmo eu me ponho a fazer, aprovador e feliz!

Então finalmente chegamos ao texto. "Gentil leitor", diz o prefácio. Refere-se a mim, o seu gentil leitor. Ele, o escritor, e eu, o leitor, cumprimentamo-nos com um aperto de mãos depois de saltar por sobre os séculos e riscá-los da história e da memória. Em dupla nos deliciamos, desde a elaborada maiúscula inicial até a última vinheta e seu vaso de flores pairando no ar (o cestinho nem faz sombra!), com rosas dependuradas à direita e à esquerda. É um encontro raro e agradável. A língua antiga acaricia a audição, a letra antiga embala o olhar. Certo escritor argumenta solene, acostumado a receber atenção. Já o outro fala com voz provinciana, publicado em alguma tipografia livre de Kostromá, quando a Grande Catarina ainda era grande e não temia as prensas tipográficas. Só que depois os livros se perderam, extraviaram ou arruinaram, e apenas aquele ficou preservado por um acaso e milagre. Com este escritor o encontro foi involuntário. Mas ele, afinal, é um sobrevivente, um indivíduo vivo a ser cumprimentado. O charme do livro que ele escreveu também consiste, sem dúvida, na sua extrema raridade (existem termos bibliográficos para a determinação dos graus de raridade). Raríssimo e, por isso, especialmente prazenteiro e caro.

Você diz que o bibliômano "não se interessa pela leitura". E será que um apaixonado lerá uma carta da amada, e um falido, uma carta do credor principal com tamanho denodo e com um interesse tão aceso? Ele lê com os olhos, com o nariz, com os dedos, examina sob a luz, usa a lupa, afaga e inspira fundo! Deixa em paz o objeto de posse e no dia seguinte desperta para um novo acesso de paixão e adoração. Pode até ser verdade que ele não o leia – ele o come! Por isso chamam os bibliômanos de devoradores de livros. Não há alimento mais saboroso, delicado e refinado. É impossível empanturrar-se dele.

Quando eu vejo livros novos e lindos que recendem a aguarrás e tinta, sem nódoas, vincos ou cheiro de podridão, morro de inveja de quem irá acarinhá-los e lê-los passados alguns séculos, quando estiverem amarelos e raríssimos. Mas agora eles são apenas um vinho fresco que ainda precisa ficar longo tempo nas adegas, passar uns bons vinte anos de frio e secura. Eles existem em número excessivo. É melhor descrevê-los como meros itens expostos em uma vitrine. Leite fresco, que em algum momento vai azedar e virar queijo curado. Eu queria escolher apenas dois dentre as dezenas de livros e com eles erigir um muro para que os gases asfixiantes, as ondas de rádio e as lições de amor pela humanidade não os estragassem. Somente o fluir dos tempos deixaria o seu selo, eu adormeceria com os dois para sempre, e depois, ao despertar, roçaria-lhes as unhas compridas, examinaria ambos sob a luz e seria o seu único possuidor. Se não for assim eles não trarão alegria aos olhos do bibliômano, assim como um bom bêbado será indiferente a um vinho jovem.

Dizem, aliás, que Dom Quixote foi o primeiro bibliômano. Seria certamente pertinente ter por ancestral o mais nobre dos cavaleiros, mas a coisa não é bem assim. Dom Quixote confundia o passado com o presente, mas o bibliômano nunca se engana. Dom Quixote largava os livros em prol da dama do seu coração, enquanto o bibliômano nunca os abandona, mesmo em benefício de uma dama amada verdadeira, porque a sua Dulcinéia é o próprio livro. Dom Quixote é um altruísta genuíno, e o bibliômano, um proprietário inveterado. Por fim, os livros que Dom Quixote treslia nem eram tão velhos e raros assim! Naqueles idos seram os romances mais comuns. Ele se distraía com os livros do mesmo modo que há vinte anos a gente espairecia com os romances de Verbítskaia e Artsybáchev[7]. É difícil asseverar quem foi o primeiro bibliômano. Mas é fácil dizer quem os bibliômanos russos deveriam homenagear: o Patriarca Níkon, Catarina II e a censura russa. Graças à atuação deles, vários livros adquiriram um valor bibliográfico elevado!

7. Anastassía Alekséievna Verbítskaia (1861-1928) e Mikhail Petróvitch Artsybáchev (1878-1927), romancistas populares na Rússia do começo do século XX, sobretudo pelos romances *As Chaves da Felicidade* e *Sánin*, respectivamente.

Se Catarina não tivesse queimado a obra de Radíschev, ela não disporia de tamanha raridade. O Lorde de Tabley desfaleceu de felicidade quando obteve os poemas de Milton na edição de 1645, algo bem compreensível e natural. Um bom bibliômano russo pode endoidar em definitivo ao se empoderar da tradução da brochura de F. Karjávin[8], *Descrição de um Percevejo*, ou até mesmo da *História de uma Pulga*, de Bartelotto!

A bibliomania é a mais maravilhosa das paixões humanas, a mais pura e sublime. Não se deve confundi-la com a paixão pelos selos raros e pelas tolas caixinhas de rapé. Esses objetos estão mortos. O livro é um objeto animado, um ser vivo, com o qual se pode trocar pensamentos e sentimentos. E se alguém não entende a diferença, tanto faz explicar. A paixão não se explica. É preciso experimentá-la. Quem a transforma em palavras a empalidece.

---

8. Fiódor Vassílievitch Karjávin (1745-1812), letrado e viajante russo. O título completo do livro a que Ossorguin se refere é: *Descrição de um Percevejo Visto sob o Microscópio*, de 1789.

PÚCHKIN, O APRECIADOR DE LIVROS[1]

Cada um ama o vasto Púchkin a seu modo. Um poeta valorizará os versos, o prosador, a prosa, e haverá aqueles que acham importante ver um Don Juan em Púchkin ou lidar com os seus assuntos domésticos. Para os amantes de livros, Púchkin, antes de tudo, é um apreciador de livros, o mais autêntico, e praticamente o único autêntico entre todos os grandes escritores russos. Os "Artigos e Observações" de V. E. Iakúchkin assim narram os últimos minutos do poeta: "Não desejaria ver algum dos seus entes queridos?", perguntaram ao desfalecente

---

1. "Púchkin – knigoliub". Escrito em 1931, publicado originalmente em: *Púchkin, 1837-1937*, Paris, 1937.

Púchkin depois do duelo de 27 de janeiro de 1837. "Adeus, amigos", foi a resposta, voltando o olhar para a biblioteca... No dia 29, depois das duas horas da tarde, veio um momento de consciência parcial, depois do qual, já com o olhar fenecente, esquadrinhou as estantes da biblioteca e sussurrou, imperceptível: "Adeus, adeus".

Quem salvou a biblioteca de Púchkin do desbarato e a descreveu foi o falecido B. L. Modzalévski, que o chamou de "um bibliófilo, no melhor sentido da palavra". Segundo a terminologia aceita, a bibliofilia é uma reunião deliberada de livros, dos melhores, de conteúdo mais importante, belamente editados ou necessários para o trabalho. Todo o resto é bibliomania, bibliotafia, bibliofagia etc. Essas definições são convencionais e inexatas, uma tentativa vã de classificar pela lógica as manifestações do amante de livros. Mas a paixão pelos livros é tão irracional quanto todas as paixões humanas suscitadas pela solidão espiritual. Púchkin foi bibliófilo, bibliômano e um apaixonado bibliófago. Disso dá testemunho a composição de sua biblioteca – e também muitas linhas de sua correspondência. Assim ele foi, da infância até a morte.

Mais de quatro mil itens de sua coleção de livros foram salvos e preservados; havia mais. Todos os livros foram folheados, e nenhuma anotação de Púchkin nas margens e nas folhas avulsas escapou dos pesquisadores. Para nós, bibliômanos, o mais precioso é o autógrafo que Púchkin deu em 26 de maio de 1830 para dois alfarrabistas de Kaluga na propriedade dos Gontcharóv, em Polotniány zavód, e cujo estilo atesta a compreensão que Púchkin tinha do caráter santo inerente à fraternidade dos amantes de livros: "Aleksándr Púchkin, com um vivo sentimento de gratidão, aceita o sinal de lisonjeira atenção de seus estimáveis compatriotas Ivan Fomitch Antipin e Faddiéi Ivánovitch Abbakumov". Ele mesmo prezava e recolhia autógrafos e anotações feitas em livros por terceiros. As achegas de suas notas bibliográficas são espantosas pela minúcia e precisão. Dão título completo, companhia editora, data, preço, contagem de páginas do texto, as numeradas e não numeradas. Semelhante meticulosidade era alheia até mesmo a Sopikov, cuja "Tentativa"[2] constava das estantes de Púchkin.

Não há nada a acrescentar à descrição da biblioteca de Púchkin feita por B. L. Modzalévski e revisada com excelência por M. Kufaev (*Almanaque do Bibliófilo*, Leningrado, Sociedade dos Bibliófilos, 1929) e outros pesquisadores. Mas as obras de Púchkin costumam mencionar livros que não estão em sua biblioteca e cujos títulos ele traz obviamente de memória. Menções parelhas são muitas, as fugidias ou as detalhadas. "Será Jean-Jacques que você lê, será Genlis que está diante de si?"; "Amigos, mas por que Sêneca e Tácito dividem a mesa com Kant?"; "Na estante, acompanhando Voltaire, perfilam-se, juntos, Virgílio, Tasso e Homero"; "O sábio e cândido Joãozinho La Fontaine"; "Xingava Homero e Teócrito, depois leu Adam Smith"; "Embora

---

2. *Tentativa de Bibliografia Russa, ou Dicionário Completo de Obras e Traduções Impressas nas Línguas Russa e Eslava desde o Começo da Instituição das Tipografias até o Ano de 1813*, obra publicada em São Petersburgo em 1813.

outrora eu espiasse o dicionário da Academia"[3] – tudo isso nada diz ao bibliófilo a respeito de edições ou obras específicas, com exceção do *Dicionário da Academia*, onde inclusive consta uma nota conhecida por todos (sobre a necessidade dele para "quem quiser ofertar seus pensamentos com clareza"), e trata-se, claro, do *Dicionário Etimológico da Academia Russa* editado (as partes 1 a 3) em 1806 a 1812, em Petersburgo, *in-quarto*. Mas a "História do Povoado de Goriúkhino", por exemplo, menciona o *Novíssimo Manual de Cartas*, de Kurgánov[4], o drama *Misantropia e Arrependimento*, *O Bem-Pensante*, *O Campeão do Esclarecimento* e a *Compilação de Antigos Calendários* relativa ao período de 1744 a 1799. Aqui sim há o que interessar ao amante de livros, inclusive material para abrir uma controvérsia com

---

3. Trechos dos poemas "K sestré" (1814) ("Para a Irmã"), "K studiéntam" ("Aos Estudantes"), "Gorodók" ("A Cidadezinha") (1815) e *Evguéni Oniéguin*.

4. Na tradução de Cecília Rosas, "História do Povoado de Goriúkhino", em *Noites Egípcias e Outros Contos*, São Paulo, Hedra, 2010.

Púchkin. O *Novíssimo Manual de Cartas* existiu, e até em quantidade considerável, mas não era uma edição feita por Kurgánov, embora lhe fosse coetânea. O manual de cartas de Kurgánov trazia em sua primeira edição (1769) um título comprido (um pouco abreviado nas edições restantes): *Gramática Universal Russa, ou Método de Letramento Geral* etc. Pela datação da *História do Povoado de Goriúkhino*, os pais obviamente compraram para o filho a oitava edição de Kurgánov (1809). *Misantropia e Arrependimento* não é uma peça, e sim uma comédia de Kotzebue lançada em tradução de A. Malinóvski, em 1796. Quanto aos calendários relativos aos 55 anos, "encadernados em verde e azul", então nesse ponto o bibliômano não consegue evitar o estupor! No breve lapso de tempo indicado, nenhum calendário foi publicado ininterruptamente, e dificilmente se encontrará em algum lugar, mesmo com títulos diferentes para as edições, um conjunto desses composto de menológios ou de calendários provinciais e das capitais, todos escassos antes do século XIX. Em outras palavras, nas mãos do herói de Púchkin havia um tesouro inaudito, uma bibliografia desconhecida.

Púchkin menciona livros antigos também nos contos. Na "Senhorita Camponesa"[5], Akulina já soletrava na terceira aula o *Natália, Filha de Boiardos*. Pode ser uma referência ao conto de Karamzin ou ao drama de S. Glinka em quatro (e não em cinco, como o de Sopikov) atos, publicado em 1806, em Moscou. Em "Dubróvski", Kirill Petróvitch Troiekúrov tinha "uma biblioteca enorme, mas ele mesmo nunca lia nada exceto *A Cozinheira Primorosa*". De novo, um mistério para o amante de livros! Esse livro não existia.

Havia o *Novíssimo, Completo e Primoroso Cozinheiro e Ajudante*, o *Primoroso Cozinheiro e Confeiteiro Russo*, o *Primoroso Cozinheiro Francês* e, por fim, *A Cozinheira da Quaresma, ou a Preparação de Variados Pratos para o Jejum*, uma raríssima edição de Kostromá, mas por que, afinal de contas, Kirill Petróvitch leria esses livros? É provável que se trate do conto, muito conhecido (e hoje

---

5. *Idem*, trad. de Cecília Rosas.

igualmente raro) pelos bibliógrafos, intitulado *A Cozinheira Graciosa, ou as Andanças de uma Mulher Dissoluta*, cuja primeira parte foi escrita por M. Tchulkov (o autor não está assinalado no livro), porém a segunda parte não saiu. Na época, esse livro era lido até a exaustão. A heroína se chama Matrona, e os heróis eram Sveton, Akhal e Svidal. Eles se batem em duelo, envenenam-se, morrem e ressuscitam. É natural que Troekúrov tenha completado, com esse livro, uma biblioteca hereditária de escritores franceses do século XVIII.

Os apaixonados por livros acharão interessantes as menções de Púchkin presentes nos manuscritos da "crítica" "Ao Bulevar de Moscou" e aos "Poços do Présnia", algumas listas daqueles versinhos candentes que divertiram Moscou foram encontradas e publicadas. Todas essas menções fugidias são infinitamente preciosas para os apreciadores de livros antigos, que sentem em Púchkin um espírito afim, um membro da fraternidade universal dos devotos do ato racional e irracional de colecionar, da adoração de raridades, capas, inscrições, *ex-libris*, do próprio cheiro do tecido dos livros. Um indicador de que Púchkin valorizava os livros também pela raridade pode ser dado pelo volume da *Viagem de Petersburgo a Moscou* de Radíschev, que ele possuía em dois exemplares: um estava "censurado", com as anotações correspondentes. No lado interno da página que vinha após a capa encadernada em marroquim vermelho, o poeta-bibliófilo inscreveu de mão própria: "O exemplar antes estava na Chancelaria Secreta. Pagos duzentos rublos". Nessa inscrição, tão típica de um apaixonado por livros, só há um defeito: não se diz quando e de quem o livro foi adquirido. Na nota à citação de um livro francês raro (na parte VIII da *História da Rebelião de Pugatchóv*), Púchkin escreveu: "Este livro é muito raro. Eu só vi um exemplar dele na biblioteca de A. S. Norov, hoje pertencente ao príncipe N. I. Trubetzkoy". Depois ele adquiriu um exemplar um tanto defeituoso dessa edição, cujo ano, aliás, está assinalado de modo incorreto (o certo seria 1672).

Um dos biógrafos de Púchkin chamou a sua paixão por colecionar de *fraqueza* da época. Mas não é uma fraqueza, e sim uma autêntica *paixão*, conhecida em todos os tempos. Entre as paixões nobres, ela é nobilíssima. Causa espanto que essa paixão sólida e obstinada do nosso maravilhoso escritor tenha merecido até hoje tão pouca atenção dos biógrafos e dos que usam a sua vida como material para romances biográficos. Conferiram um significado desmesurado às suas "aventuras amorosas", que não nos competem.

A PROPÓSITO DE UM GRANDE AMANTE DO LIVRO[1]

De vez em quando sento-me de pena em punho à mesa e percorro o olhar pelas estantes de livros, onde um dos meus favoritos ombreia com outro e ambos olham carinhosos para mim.

– E então, como vai a vida?

Eles respondem:

– O que se há de fazer? Vamos vivendo. Passam os anos, passam os séculos, as pessoas nascem e voltam para baixo da terra, mas o nosso negócio é simples. Só ficamos aqui nas estantes a olhar o motivo de tanta vã agitação.

1. "O velíkom liúbitele knígui", publicado originalmente em: *Posliédnie nóvosti* [*As Últimas Notícias*], n. 4069, Paris, 13 maio 1932.

Um pensamento me aflora: um velho devorador de livros pode até ser um sujeito pequenino. Contudo, cercados pelos livros amados, gente grandiosa, escritores insignes como Shakespeare, Lomonóssov e Bréchko-Brechkóvski[2] puseram-se a trabalhar. Sejam escaparates ou singelas prateleirinhas, é impossível imaginar um escritor sem livros ao redor!

Pode-se dizer que Liév Tolstói era completamente indiferente em relação aos livros antigos. Eles quase não são mencionados nas obras. Somente em *Guerra e Paz* é que o velho príncipe Nikolai Andriéevitch Bolkónski diz à princesa Mária:

– Tome aqui essa *Chave do Mistério* que a sua Heloísa enviou. Um livro religioso. Mas eu não me meto na fé de ninguém. Dei uma olhadela. Pegue. Agora vai, vai.

E lhe deu, como diz o texto, um "livro novo, com as páginas ainda não cortadas". Verdade

2. Ironia de Mikhail Ossorguin: Nikolai Nikoláievitch Bréchko-Brechkóvski (1874-1943), escritor emigrado, prolífico autor de romances.

verdadeira. A ação se passava em 1805, e no ano precedente saíra uma edição realmente admirável de Eckartshausen, *A Chave para os Mistérios da Natureza*, depois proibida. Mas aqui há um mal-entendido: por que o velho príncipe deu à filha um livro apenas, considerando-se que essa obra saiu em quatro volumes com excelentes gravuras de Ukhtómski, Galaktiónov e Sanders? E cada tomo tem mais de trezentas páginas! A possibilidade de uma olhadela em um livro desses, de mais de mil páginas, sem nem tê-las cortado, é muito esquisita e implausível! Liév Nikoláievitch não prestava muita atenção nos livros antigos!

Digamos que ele tenha examinado somente o prefácio, como é o vezo dos críticos literários atuais. E o prefácio diz sem rodeios:

Não tire conclusões apressadas de um livro a partir de um único capítulo, desprezando a conexão com o anterior e o seguinte, e não se valha apenas das concepções do autor, mas sim considere-as a partir das coisas em si e busque a verdade com um coração puro.

Também consta que

[...] o presente livro não é para aquelas mentes aguçadas que tudo sabem e compreendem de imediato, mas para os que genuinamente buscam as verdades que facultam ao indivíduo conduzir-se de modo a prosseguir por conta própria.

Se examinarmos apenas as ilustrações, e há oito delas no livro, então será ainda mais difícil entender. Tome-se, por exemplo, a do *Criador de Mundos*, que vem acompanhada da seguinte explicação:

A cabeça do ancião representa o criador de mundos, o gerador contínuo da unidade. As três chamas que circundam a sua cabeça constituem o símbolo da perfeição. No mundo corporal elas significam permanência, amplitude e profundidade. No pensamento espiritual, a inteligência e a alma; em relação aos corpos, elas são número, medida e equilíbrio. Em relação à alma, são razão, memória, e vontade... Por meio deste hieróglifo a natureza inteira se exprime, ou seja, a essência, os atributos, a multiplicidade e o movimento.

Vá entender isso numa simples olhadela!

Liév Tolstói menciona ainda, em *Infância*, a revista *Siévernaia ptchelá* [*A Abelha do Norte*] que estava na estante de Karl Ivánovitch, supostamente a única coisa que ele lia, assim como um curso de hidrostática e um folheto sobre fertilização de jardins com esterco. A situação se passa nos anos 1830, e a revista saiu em 1807, apenas em um volume, no lugar dos doze prometidos, e quem a publicou foram ginasianos de Petersburgo. Não fica claro como ela foi parar na estante de Karl Ivánovitch. Que felicidade seria se ela aportasse em nossas estantes, pois até mesmo o renomado bibliógrafo Guennádi, já nos anos 1870, escrevia: "Não consegui vê-la; creio que é difícil obtê-la". E ninguém a descreveu. A que ponto chega o desplante de mencionar um volume raríssimo desses e nada acrescentar! Se Liév Nikoláievitch contasse, aí saberíamos!

Já Púchkin, esse sim foi um autêntico apaixonado por livros! É fácil imaginá-lo diante das estantes de livros. Ele tinha muitíssimos. Mesmo contando os que foram surrupiados, removidos ou nunca devolvidos, ainda assim preservaram-se cerca de quatro mil volumes, com 1 522 títulos! E há muitas raridades admiráveis. Todas estão lidas e relidas, sendo que em muitas há anotações do poeta:

Com breve palavra ou cruz
Ou ponto de interrogação... [tradução livre].

Recorria os sebos, procurava, vasculhava, alegrava-se e afligia-se. Escreveu para a esposa em 1836: "E como vão os meus filhos e livros?" À nossa semelhança, os pecadores, ele consultava a *Tentativa de Bibliografia Russa* do imortal Sopikov para se informar de livros antigos.

Quando esteve em Kaluga, ele redigiu uma nota:

Aleksándr Púchkin, com um vivo sentimento de gratidão, aceita o sinal de lisonjeira atenção dispensado pelos estimáveis compatriotas Ivan Fomitch Antipin e Faddiéi Ivánovitch Abbakumov. 27 de maio de 1830. Em P. Zavod.

Os destinatários? Dois livreiros de Kaluga que, sabedores de sua estada, foram prestar saudações honrosas ao insigne poeta e amante de livros!

Ele compreendia os manuscritos autógrafos, colecionava-os e até sabia escrevê-los!

É assim que imagino a cena: esse indivíduo incomum e cacheado está sentado e dirige afetuosamente a visada séria e terna para as estantes. As prateleiras são compridas e rasas (certa vez escreveu para a esposa: "Se puder, me mande *Les Essais* de Michel de Montaigne, quatro livros azuis que estão na minha estante comprida"). Há ordem e dispersão nas estantes. A "*Eneida*. Poema heroico de Públio Virgílio Marão. Traduzido do latim pelo Sr. Petrov", ele levou para o exílio e para as viagens:

> Adoro estar com o meu Marão
> Sob um horizonte claro
> Perto de um lago [tradução livre].

O Falso Pedro III, ou a Vida, o Caráter e as Malfeitorias do Rebelde Emelka Pugatchóv. Trata-se de um livrinho proibido e raro, de que Púchkin possuía dois exemplares. Um ele usava, o outro era consultado de tempos em tempos.

A História na Qual se Conta a Ruína da Cidade de Troia, no Reino Frígio. Um nome imenso, um título que já é uma narrativa inteira, publicada na época de Pedro, o Grande, livro muito raro!

E há outros assim, sempre dispostos em sequência. O preferido dava uma piscadela para Púchkin com seu marroquim escarlate e suas páginas douradas: a *Viagem de Petersburgo a Moscou*, de Radíschev[3]. É um livro raríssimo já por si só (foi incinerado), mas Púchkin tinha um exemplar especial extraído da Chancelaria Secreta e dotado de observações do censor. Assim a mão de Púchkin escreveu:

Exemplar antes existente na Chancelaria Secreta. Pagos duzentos rublos.

---

3. Aleksandr Nikoláievitch Radíschev (1749-1802). O livro citado por Ossorguin é um marco da literatura e do pensamento social russo, bem como da formação da *intelligentsia*. Nele, o autor apresenta, em linguagem camuflada, a servidão como a principal questão russa. O autor foi mandado para a Sibéria em razão das ideias expostas no livro.

Ele não lamentou a soma vultuosa dispendida! Ele mesmo escreveu a propósito da obra:

É um livro que outrora causou furor pelo seu poder de sedução e que trouxe para seu criador a fúria de Catarina, uma condenação à morte e o exílio na Sibéria. Atualmente é uma raridade tipográfica, ocasionalmente encontrável na estante de um bibliômano ou no alforje de um caixeiro-viajante.

Ele chamava os livros proibidos de "obras desprezadas pelas prensas". "Na hora do lazer matinal, me apraz abri-los".
Outro de seus livros queridos:

O correio da moda, que inclui as cartas de modas desmazeladas, as reflexões de vestimentas inanimadas e toucas silentes, os sentimentos de móveis, carruagens e cadernos de anotações, de botões e manequins antiquados, dos *kontusz*[4], camisolões, telogreias[5] e outros.

---

4. Roupa da nobreza polonesa e lituana.
5. Vestido russo antigo.

Poucos conhecem esse livro. O autor (N. I. Strákhov) escreve:

Desde que a justa correção ou a douta verdade se tornou mais desagradável para os olhos do que vapor cáustico, ela só pode vir à luz incógnita ou usando um vestido do avesso, de modo que não seja reconhecida.

As discussões e diálogos vão se amontoando! Trava-se uma correspondência entre a "Moda", a "Inconstância", a "Burrice", surgem cartas "da escrivaninha para a cômoda" e "da cômoda para a escrivaninha" que descrevem o "Jovem Leviano", o "Escrevinhador de quinta categoria", a "Coquete" e o "Juiz Mercenário". Somam-se a elas as cartas para a redação enviadas por um *kokóchnik*[6] feito de penas de codornizes, por um gorrinho aveludado de marta em forma de barquinho, por um chapéu de chifres, uma cofia e outros. A Moda faz galhofa dessas velharias e lhes responde:

6. Adereço de cabeça feminino tradicional.

A *bonomie* e a *simplicité* dos senhores me fizeram rir até quase rebentar. Rá, rá, assim vocês me matam! *Sur mon honneur*, vê-se que os senhores são criaturas divertidíssimas! Bom, é imensamente interessante vê-los e conhecê-los em pessoa!

O livro é atraente, e eu não me furtaria a prosseguir nas citações, caso o leitor tivesse gosto por livros similares. Mas como? Eles cativavam Púchkin e agora estão abandonados. Basta dar ao leitor umas "atualidades" bem apimentadas. Se ele a ama e ela o ama, só isso não serve, cada um tem que ter um casinho, depois todo mundo se junta e novamente se embaralha até que ninguém entende mais cadê o pé e a cabeça... O leitor compra o livro, corta as páginas, lê inteiro, joga fora e acabou-se. Não serve para nada guardá-lo. Impossível se envolver.

Nós, os amantes de livros, consideramos Aleksandr Serguéievitch e Púchkin nosso santo e parceiro, e honramos a sua memória com um frêmito de alegria espiritual. Entre os grandes, ele é o mais próximo de nós, é o combustível da paixão, o intérprete dos sentimentos, um insigne devorador de livros indicado pelo dedo divino. Não passava perto de um mostruário de livros sem um *frisson*, não temia a poeira e não desprezava as traças. Folheava as páginas com amor e sabia pechinchar. Depois de comprar escrevia as aquisições em uma folha em branco: "comprado em tal lugar e em tal momento".

Quando chegou a hora final e demasiado – ai, demasiado! – precoce, e ele jazia deitado com uma mirada lastimável, perdendo as forças vitais, perguntaram-lhe se "não gostaria de ver algum dos seus entes queridos", ao que ele respondeu, voltando o olhar para a biblioteca:

– Adeus, amigos!

Era o dia 27 de janeiro de 1837. Depois das três da tarde do dia 29, o moribundo Púchkin, em um derradeiro momento de lucidez, percorreu novamente as estantes e prateleiras com um olhar fenescente e mais uma vez sussurrou, imperceptível:

– Adeus, adeus!

Assim contou quem lhe era próximo. Os livros, porém, eram ainda mais afeitos a Púchkin. Amigos fiéis e sinceros que nunca o traíam, caluniavam ou invejavam. Amigos com os quais compartilhou os melhores minutos da vida, e entre os quais faleceu, legando-nos o amor incondicional a eles e a crença livre e infinita somente neles!

Trarei para sempre o sentimento pleno, constante, atento e terno despertado na alma por esse conto tocante, para que nenhuma gota dele se perca ao esbarrar em simpatias efêmeras e acidentais!

Receba, livro, nosso amor e nossas humildes saudações! Para você, que fornece doces minutos e dias felizes ao gigante e ao pigmeu, ao poeta e ao homem simples, ao nome que sobreviverá aos séculos e ao memorialista fugaz que subscreve essas linhas modestas.

O DESTINO DO LIVRO ANTIGO[1]

Os livros antigos estão partindo da Rússia para o exterior. Muito já se escreveu sobre a fuga de joias, tesouros artísticos ou pinturas de museus, mas poucos se interessaram pelos livros. Enquanto isso, raridades excepcionais cada vez mais figuram nos catálogos do Livro Internacional, a associação soviética que conduz a venda de livros russos no estrangeiro.

O Livro Internacional só vende o produto por moeda estrangeira, embora os preços estejam designados em rublos. Mas os livros não são

---

1. "Sudbá stároi knígui", publicado originalmente em: *Posliédnie nóvosti* [*As Últimas Notícias*], n. 4145, Paris, 22 jul. 1932.

vendáveis nesta moeda, pois resultam completamente inatingíveis para os cidadãos. É fácil de entender. Se no mercado negro de Moscou o dólar vale 33 rublos (como há pouco tempo se escrevia), isso significa que mandar um livro para o exterior é dezessete vezes mais vantajoso para a associação do que vendê-lo em casa. Sabemos bem que não só o antigo livro de antiquário, como também os novos mais valiosos (por exemplo, algumas edições da Academia), não se negociam em rublos. Eles podem ser comprados em qualquer livraria de emigrantes, mas em Moscou ou Leningrado é impossível, a não ser de algum livreiro misterioso e por um preço exorbitante. Um exemplo: *O Conto Maravilhoso Russo*, na edição da "Academia", custa cinco rublos em Paris (para converter em francos é preciso multiplicar por dezoito), e em Moscou só com muito esforço se acha por cem. O terceiro tomo das *Mil e Uma Noites*, recentemente lançado, e cuja venda livre na Rússia não foi aprovada (uma parte foi separada para assinaturas), aqui pode ser achada sem esforço.

O mais curioso não são os preços, e sim o tipo do item de antiquário. Até outro dia os catálogos apontavam grandes raridades do tipo, contudo, disponível nas bibliotecas públicas; assim são as edições místicas do fim do século XVIII, algumas edições regionais em vários volumes e livros de arte com tiragem limitada. Mas o último catálogo da seção moscovita do Livro Internacional exibe, é bem verdade que a preços excepcionalmente altos, alguns dos livros mais antigos impressos na Rússia (incunábulos), absolutamente únicos. São (no catálogo número 280) edições do século XVI vindas de Lvov, Vilna e Ostrog (O *Apóstolo*, de Ivan Fiódorov, de 1574, os *Quatro Evangelhos* de Mstislav, de 1574, o *Trióo de Quaresma*, de Andronik Neviéja, de 1589, o *Livro de Vassíli, o Grande* e *Livro Acerca do Jejum*; um *Evangelho* comentado de Vilna e uma reimpressão, feita na mesma cidade, do *Livro de Salmos* de Ostrog). Certas edições do século XVII anunciadas para venda são ainda mais raras e valiosas. No meio delas há uma preciosidade indubitável, o livro *Nomocânone*, publicado em 1650, no período do Patriarca Ióssif, em Moscou, *in folio*. Sequer sabemos se essa edição afinal veio à luz, pois o momento da impressão coincidiu com o começo do cisma na igreja russa. Ela foi lançada mais tarde em versão corrigida, já no período de Níkon. Um outro exemplar (uma edição antiga, com páginas acrescentadas da nova) desses não existe em nenhuma biblioteca pública. O preço assinalado no catálogo é de três mil rublos (em francos, em uma assinatura direta, dá cerca de quarenta mil). Esse *Nomocânone* é, evidentemente, uma preciosidade colossal de museu. Vale muito mais do que qualquer "coroa de joias". Embora os preços indicados sejam menores, os outros livros do catálogo não são menos valiosos (o *Menológio* de Ióssif, os já mencionados *Trióbdion* e o *Livro Acerca do Jejum*, e outros). Alguns trazem os acréscimos de manuscritos e ilustrações ou anotações de velhos crentes (o nome de Níkon apagado e o de Ióssif inserido). Toda essa série de originais contém reparos essenciais para a literatura bibliográfica sobre a impressão de livros russo-eslava, e bastaria isso para torná-la valiosíssima.

É curioso ver para onde vai o livro russo. A capacidade de compra da emigração é insignificante, embora seja indiscutível que alguns indivíduos venham formando pequenas bibliotecas de raridades (o falecido Diáguilev comprou bastante coisa por meio do Livro Internacional). Também não é grande a capacidade aquisitiva de diversos "institutos de estudo de eslavística" estrangeiros. Não parece provável que os colecionadores americanos tenham comprado muita coisa – eles, que são o porto seguro dos colecionadores caídos na miséria. Os catálogos dos antiquários alemães sugerem que um bocado de livros migra para lá. Em qualquer loja parisiense de livros russos podem ser encontrados livros "desgarrados" que foram parar ali por meio de uma mesma fonte. Alguns vagam por longo tempo mudando de dono e retornam para o vendedor. Outros vão para os leilões na sala de Drouot e podem sair por uma ninharia. Mas se o Livro Internacional obtém lucros na venda de raridades, isso significa, em todo o caso, que os livros fluem da pátria para o exterior em grandes ondas!

O Livro Internacional envia de bom grado os seus catálogos para quem quiser – é só mandar o endereço. Fazer uma encomenda é, claro, igualmente simples.

Entretanto, seria apropriado se os livros russos acabassem em mãos russas. Apropriado, mas difícil de fazer!

O LAMENTO DO LIVRO[1]

Os vermes devoram os livros. Pode-se afirmar com segurança que em cada dez leitores, nove desconhecem estragos assim, e que dificilmente dois em cada mil já terão visto esse tal "verme". Do ponto de vista de um apaixonado por livros, a devoração praticada pelos vermes é um ornamento do livro antigo. Só que os livros têm dois inimigos mais evidentes: o leitor e o encadernador.

Os bibliógrafos já estabeleceram há muito tempo a listagem dos crimes cometidos pelo leitor contra o livro: criminoso é quem corta as

---

1. "Jáloba knígui", *Posliédnie nóvosti* [*As Últimas Notícias*], n. 4152, Paris, 4 ago. 1932.

páginas de um livro novo com os dedos, um lápis ou um grampo; quebra a lombada durante a leitura; folheia as páginas com o dedo babado de saliva; larga um livro aberto para baixo e assim o deixa; esprme um livro na estante e o coloca muito apertado nos outros; dobra o canto das páginas, enfia um palito ou até um lápis em vez de usar um marcador; põe flores e folhas para secar entre as páginas; faz nas margens e no texto marcações com a unha ou anotações a lápis (em relação ao lápis as opiniões divergem; alguns acham que as notas dos leitores podem até conferir ao livro um valor especial); arranca as páginas em branco do começo ou do fim do livro ou escreve nelas o montante das despesas e a lista de roupas mandadas para a lavanderia. Desnecessário falar dos que abandonam os livros, arrancam páginas do texto e das ilustrações, pegam emprestado volumes pertencentes a coleções de obras completas e não devolvem, esfrangalham, sujam e demais atos nessa linha. Esses são verdadeiros bárbaros e bandidos!

Os encadernadores criminosos "trucidam" o livro (cortando as margens de modo a deixá-las desproporcionais e curtas), misturam as páginas, costuram com fios podres, não intercalam uma folha de rosto, negligenciam a dobra, não secam até o fim etc.

No começo do século XIV, o douto prelado Richard de Bury escreveu um tratado sobre o livro (*Philobiblion – O Amor ao Livro*). Trechos foram recentemente traduzidos para o russo por A. Malênin (*O Almanaque do Bibliófilo*, Leningrado, Sociedade de Bibliófilos). A quarta parte do tratado expõe eloquentemente as queixas dos livros em relação ao tratamento inadequado que lhes prestaram.

Os livros se queixam de que:

Nossos flancos e costas sofrem de doenças variadas e jazemos com os membros enfraquecidos pela paralisia. Alguns sofrem de gota, demonstrada pelas extremidades encurvadas. A fumaça e a poeira, perseguidoras permanentes, embotaram a agudez da visão e inflamam olhos já purulentos. Inflingem-nos, pobres inocentes, chagas ferozes e cruéis. Somos jogados andrajosos em cantos escuros... Vendem-nos como escravos e serviçais!

O autor do tratado instrui os estudantes a não se debruçar com os cotovelos no livro e a limpar o nariz antes de sentar-se para a leitura, de modo a não borrifar o livro com um "orvalho vergonhoso", e também a não utilizar uma "unha preta feito breu, cheia de esterco fedorento", para sublinhar os lugares desejados.

Tendo em vista que atualmente tanto o lenço de nariz quanto o hábito da manicure desfrutam de respeito, poderíamos, todavia, afirmar que também o livro é tido em alta conta?

"Um livro exige uma supervisão mais atenta do que uma botina", escreve o abade apaixonado por livros. Mas deem uma espiada nos livros devolvidos pelos leitores na Biblioteca Turguêniev[2]: nem desempregados usam sapatos assim!

Logo, mesmo hoje não faria mal refletir sobre as palavras do escritor do século XIV!

2. Biblioteca montada no século XIX e que se transformou em uma importante instituição da emigração russa em Paris. Seu rico acervo foi levado pelos alemães durante a ocupação e, depois, pelos soviéticos (na URSS, o material acabou se dispersando).

[Pois] a verdade contida no pensamento é uma sabedoria oculta e um tesouro escondido. A verdade inscrita em um livro não é linear, mas é estável. Ela se apresenta com clareza ao olhar, insinua-se na entrada franqueada pelas pupilas, os umbrais do bom senso e as antessalas da imaginação, depois ingressa no palácio da razão e recolhe-se ao leito da memória, onde ela engendra a verdade eterna do pensamento.

UMA SENSAÇÃO BIBLIOGRÁFICA[1]

No domingo passado houve uma reimpressão da *Vetchérnaia Moskvá* [*A Moscou Vespertina*] relacionada a uma sensação bibliográfica: "uma rara edição das fábulas de Krylóv extraída de depósitos semiabandonados de museus" foi considerada o "menor livro que há". O achado feliz foi feito para marcar a futura abertura do Congresso de Arte Iraniana.

Hoje em dia, infelizmente não aparece na URSS nenhuma edição bibliográfica minimamente razoável. A pobreza de conteúdo de certas coletâneas esporádicas lançadas em Petersburgo pelo

---

1. "Bibliografítcheskaia sensátziia", *Posliédnie nóvosti* [*As Últimas Notícias*], n. 5292, Paris, 19 set. 1935.

círculo dos bibliógrafos corrobora o declínio de interesse em relação ao amor pelo estudo do livro antigo, sustentado pelo ardor do colecionador solitário. Só assim se explica que para o rastreamento do "menor livro" tenham importunado "depósitos semiabandonados" em prol... da arte iraniana.

A edição em miniatura das fábulas de Krylóv é conhecida há muito tempo por todos os apreciadores de livros e descritas de modo detalhado por Guennádi, A. Burtzev e outros colecionadores e inventariadores. Ela não é dotada de raridade especial (os exemplares conhecidos chegam a 35). A edição não é destinada a vendas, mas sempre houve e há, inclusive agora, as que têm esse propósito. Se não me engano, há três ou quatro exemplares em Paris; um deles na antiga coleção de Diáguilev, outro vendido na Sala de Drouot (e adquirido em minha presença) e um terceiro foi ofertado por um indivíduo particular por intermédio de uma livraria.

Esse livro não é o menor que há. É apenas o menor dos que foram impressos em prensas de tipos móveis. Há um livro manuscrito ainda menor, colocado em uma casca de noz. Há um livro russo ilustrado (um menológio) de tamanho um pouco maior, mas de valor muito mais significativo do que as fábulas de Krylóv e que é realmente raro e "inencontrável". Há uma edição italiana de Dante igual em medida às fábulas (mas com menos linhas por página). Existe, enfim, uma edição de Púchkin (talvez de Varsóvia, não tenho em mãos um livro com as referências), em papel de maculatura do tamanho de um selo, uma edição fotográfica com reduções, vagabunda e barata, que volta e meia é exibida a colecionadores inexperientes como se fosse uma grande raridade bibliográfica (o seu valor não passa de alguns francos).

SOBRE O TRADUTOR E ORGANIZADOR

Bruno Barretto Gomide é professor livre-docente de Literatura e Cultura Russa na USP. Doutor pela Unicamp, com estágio CAPES em Berkeley e pós-doutorado na EHESS. Professor e pesquisador visitante no IMLI (Moscou), Púchkinski dom (S. Petersburgo), Harvard, IAI (Berlim) e nas Universidades de Glasgow e Londres. Autor de, entre outros, *Da Estepe à Caatinga: o Romance Russo no Brasil* (Edusp, 2012), *Dostoiévski na Rua do Ouvidor: a Literatura Russa e o Estado Novo* (Edusp, 2018) e *Antologia do Pensamento Crítico Russo* (org., Editora 34, 2013).

Coleção Bibliofilia

1. *A Sabedoria do Bibliotecário* – Michel Melot
2. *O Que É Um Livro?* – João Adolfo Hansen
3. *Da Argila à Nuvem: Uma História dos Catálogos de Livros* (II Milênio – Século XXI) – Yann Sordet
4. *As Paisagens da Escrita e do Livro – Uma Viagem Através da Europa* – Frédéric Barbier
5. *Bibliofilia e Exílio: Mikhail Ossorguin e o Livro Perdido* – Bruno Barretto Gomide (org.)
6. *A Vida Notável e Instrutiva do Mestre Tinius* – Johann Georg Tinius
7. *Os Admiradores Desconhecidos de* La Nouvelle Héloïse – Daniel Mornet
8. *As Bibliotecas Particulares do Imperador Napoleão* – Antoine Guillois

Título	Bibliofilia e Exílio: Mikhail Ossorguin e o Livro Perdido
Autor	Mikhail Ossorguin
Editor	Plinio Martins Filho
Organização, tradução e notas	Bruno Barretto Gomide
Revisão	Marisa Midori Deaecto
	Plinio Martins Filho
	Simone Oliveira
Produção editorial	Millena Machado
Capa	Gustavo Piqueira e Samia Jacintho/Casa Rex
Editoração eletrônica	Victória Cortez
Formato	10 × 15 cm
Tipologia	Aldine 401 BT
Papel do miolo	Chambril Avena 90 g/m^2
Número de páginas	132
Impressão do miolo	Lis Gráfica
Impressão da capa	Oficinas Gráficas da Casa Rex